核心素养导向的
高中体育与健康教学设计

郑斌 著

海峡出版发行集团
海峡文艺出版社

图书在版编目(CIP)数据

核心素养导向的高中体育与健康教学设计/郑斌著. —福州:海峡文艺出版社,2023.1
ISBN 978-7-5550-3284-7

Ⅰ.①核… Ⅱ.①郑… Ⅲ.①体育课-教学设计-高中②健康教育-教学设计-高中 Ⅳ.①G633.962②G637.9

中国版本图书馆 CIP 数据核字(2022)第 255590 号

核心素养导向的高中体育与健康教学设计

郑　斌　著
出 版 人　林　滨
责任编辑　邱戊琴
出版发行　海峡文艺出版社
经　　销　福建新华发行(集团)有限责任公司
社　　址　福州市东水路 76 号 14 层
发 行 部　0591－87536797
印　　刷　福州印团网印刷有限公司
厂　　址　福州市仓山区十字亭路 4 号金山街道燎原村厂房 4 号楼
开　　本　720 毫米×1010 毫米　1/16
字　　数　210 千字
印　　张　13.5
版　　次　2023 年 1 月第 1 版
印　　次　2023 年 1 月第 1 次印刷
书　　号　ISBN 978-7-5550-3284-7
定　　价　48.00 元

如发现印装质量问题,请寄承印厂调换

前　言

教育是提升民众素质和国家综合竞争力的重要力量。体育教育，是教育中的重要内容。体育教育引导我们探索生命的重要性，促进强身健体。体育与健康教学是被越来越重视的学科，在提升身心素质、培养意志品质和促进智慧开发等方面对学生有很大的作用。核心素养导向的高中体育与健康教学的实施，让教师们以开放的心态、多维的视角、探索的精神、科学的理念参与改革与实践，形成全面的学校体育教学活动。

基于此，本书围绕"核心素养导向的高中体育与健康教学设计"展开论述，在内容编排上设置六章。第一章作为本书论述的基础和前提，主要阐释素养与体育素养、核心素养与学科核心素养、体育与健康学科核心素养等内容。第二章研究核心素养导向的高中体育与健康教学策略，内容包括高中体育与健康结构化教学策略、高中体育与健康情景化教学策略、高中体育与健康深度化教学策略、高中体育课堂教学的有效性分析。第三章探讨核心素养导向的高中体育与健康教学设计，内容涵盖健康教育模块教学设计、体能模块教学设计、田径类运动教学设计、球类运动教学设计、健美操类运动教学设计、微课辅助教学实验设计。第四章研究核心素养导向的高中体育与健康教学评价设计，内容囊括体育教学评价概述、核心素养导向的体育教学评价设计、体育课堂表现性评价构建。第五章通过高中体育教师教学行为优化、高中体育教学专业化发展、体育教师学科核心素养培育与提升三个方面，分析体育教师教学发展及学科核心素养培育。第六章探索高中体育与健康学科核心素养培育路径，内容包括完善高中体育与健康线上课程开发与辅助、信息技术与体育学科的深度融合、强化体育与健康课程的生命安全教育。

本书通俗易懂，条理清晰，结构层次严谨，内容翔实丰富。核心素养导向的高中体育与健康教学设计是高中体育教学中的重难点，希望本书的出版对教育工作者有所助益。

目 录

第一章 核心素养导论
第一节 素养与体育素养 …………………………………………………… 3
第二节 核心素养与学科核心素养 ………………………………………… 4
第三节 体育与健康学科核心素养 ………………………………………… 6

第二章 核心素养导向的高中体育与健康教学策略
第一节 高中体育与健康结构化教学策略 ………………………………… 11
第二节 高中体育与健康情境化教学策略 ………………………………… 19
第三节 高中体育与健康深度化教学策略 ………………………………… 22
第四节 高中体育课堂教学的有效性分析 ………………………………… 31

第三章 核心素养导向的高中体育与健康教学设计
第一节 健康教育模块教学设计 …………………………………………… 43
第二节 体能模块教学设计 ………………………………………………… 47
第三节 田径类运动教学设计 ……………………………………………… 59
第四节 球类运动教学设计 ………………………………………………… 68

  第五节 健美操类运动教学设计 ………………………………… 120

  第六节 微课辅助教学实验设计 …………………………………… 129

第四章 核心素养导向的高中体育与健康教学评价设计

  第一节 体育教学评价概述 ………………………………………… 135

  第二节 核心素养导向的体育教学评价设计 …………………… 140

  第三节 体育课堂表现性评价构建 ……………………………… 145

第五章 体育教师教学发展及学科核心素养培育

  第一节 高中体育教师教学行为优化 …………………………… 159

  第二节 高中体育教学专业化发展 ……………………………… 161

  第三节 体育教师学科核心素养培育与提升 …………………… 163

第六章 高中体育与健康学科核心素养培育路径

  第一节 完善高中体育与健康线上课程开发与辅助 ………… 173

  第二节 信息技术与体育学科的深度融合 ……………………… 193

  第三节 强化体育与健康课程的生命安全教育 ………………… 195

参考文献 …………………………………………………………………… 205

后 记 …………………………………………………………………… 209

第一章

核心素养导论

第一节 素养与体育素养

一、素养的概念

对"素养"一词,《辞海》的解释是:"修习涵养;平素所供养。"《现代汉语词典》的解释是:"平日的修养。"据此,我们可以这样理解"体育素养":体育素养是指个人在体育方面的修养水平,是个人平时在体育方面培养形成的。

从定义可以看出,素养的高低主要受后天的影响,体育素养注重的也应该是个人平日在体育方面的积累。体育素养的提出不仅是对身心一元论的深化,也是体育学科自身教育化、人文化、科学化的综合反映,更是素质教育细化和操作化的体现。在素质教育改革主流和"健康第一"的背景下,体育素养指的是在先天生理遗传的基础上,个人接受后天体育教育与其他环境因素影响,在体育知识、运动能力、体育行为和体育心理上逐渐形成的稳定的维持或促进自身健康的体育修养水平。

二、体育素养的内涵

(一)体育知识

体育知识是人的大脑意识对体育运动规律的正确反映,是有效支配人体从事体育实践活动的心理基础。高中生体育知识水平的提高是"终身体育"思想以及全面推进素质教育活动得以全面实施和最终实现的有力保障。个人若想具备较高的体育素养水平,必须经过不断的体育知识学习和积累。

(二)运动能力

运动能力是指人们参加体育活动和运动训练时所具备的能力,是人的身体形态、身体素质、运动技能和心理能力等因素的综合表现。运动能力作为高中生体育素养的内涵,主要包括个人的基本运动能力、身体素质和运动技能。

（三）体育行为

体育行为是人类有目的、有意识地利用各种手段和方法，为满足某种体育需要而进行的活动。广义上的体育行为是指个人为了提高自己的身体健康水平而进行的有目的的体育锻炼行为。高中学生进行体育活动的外在表现形式，是学生体育素养在其行为中的直接体现。这些外在的表现形式，既包括体育行为的主要表现形式——锻炼行为，又包括体育消费、体育信息获取、体育宣传、体育欣赏等方面的行为活动。

（四）体育心理

人们在参与体育学习和体育活动的过程中，通过各种感官认识体育，对体育进行思考，从而产生不同的体育意识，并伴随着喜、怒、哀、乐等情感体验，形成体育态度和体育价值观等，其中折射一系列体育心理现象的整个过程就是体育心理。体育心理作为体育素养的内涵，主要包括体育意识、体育情感、体育态度和体育价值观。

第二节 核心素养与学科核心素养

一、核心素养

21世纪，全球经济一体化和信息技术更快速发展，对复合型人才的需求更为强烈，使得核心素养成为当下个体最急需培养的重要方面。在新时期的课程改革中，核心素养也成为改革的重点以及改革内容的方向标，不同领域、不同地区纷纷对核心素养进行了研究和实践。

2014年3月30日，教育部颁布的《关于全面深化课程改革 落实立德树人根本任务的意见》把中国学生发展核心素养的内涵定义为：学生应具备的适应终身发展和社会发展需要的必备品格及关键能力。突出强调个人修养、社会关爱、家国情怀，更加注重自主发展、合作参与、创新实践。

2016年9月发布的《中国学生发展核心素养》，确定了核心素养的框架和内涵。核心素养应该围绕文化基础、自主发展与社会参与三个因素构建并达到个体在生活上的满足以及推动社会进步的目的。

表1-1 中国学生发展核心素养结构体系

因素	内涵	基本要点
文化基础	人文底蕴	人文积淀、人文情怀、审美情趣
	科学精神	理性思维、批判质疑、勇于探究
自主发展	学会学习	乐学善学、勤于反思、信息意识
	健康生活	珍爱生命、健全人格、自我管理
社会参与	责任担当	社会责任、国家认同、国际理解
	实践创新	劳动意识、问题解决、技术应用

核心素养是一种需要终身贯彻掌握的品质，也是促进国家进步、社会稳定的核心因素。个体的核心素养应该建立在社会的基础上，以融入社会、服务社会为目的，将自身发展与社会健康发展结合，通过将自身在学习和生活中的理解、处事、合作、改变以及长远发展等因素组合构成核心素养，才能更好、更快地推进自身与社会的健康发展。

在课堂构建过程中，核心素养的培养应处于第一要素，需在课堂的主要构成要素，如目标、内容、教法、评价等方面，融合核心素养对学生进行培养。学校教育中的核心素养培养应注意不同学科课程着重点的不同，要求教育工作者在进行核心素养培养时，结合不同学科特点进行学生核心素养的培育，从而最大限度挖掘学科的育人价值。

二、学科核心素养

学科核心素养是核心素养在特定学科的具体化表现，是学科育人价值的集中体现，是学生通过学科学习逐步形成的正确价值观念、必备品格和关键能力。学科核心素养是学生通过学科学习所获得相关知识和技能能够用来鉴别和思考学科问题的能力,是对学科价值的根本认识。虽然每个学科所属的核心素养存在巨大的差别,结合各学科的课程标准培育学科核心素养的方法与实践内容也存在区别,但各学科的共同目的都是让学生通过学科活动以获得关键能力和优良品质,让学生能在复杂的社会关系中有更好的应对与发展。

实际上,学科核心素养是基于不同学科特性所表现出来的特质,包括学科知识、基本技能及基本能力等,是教育目标的不同诠释,也是教育目标在教育实践中的具体表现形式。

第三节 体育与健康学科核心素养

不同学科的核心素养具有不同的表现形式。在特定学科中,学科核心素养是学科价值与核心素养的具体体现。体育与健康学科的本质是通过运动与健康教育来促进学生身体控制能力、健康水平、健全人格以及道德品质的全面发展。《普通高中体育与健康课程标准(2022年版)》(后文简称"新课标")提出,体育与健康学科核心素养包括运动能力、健康行为和体育品德,同时也将这三个学科素养内容细化成若干的素养表现(具体如表1-2)。

表1-2 体育与健康学科核心素养结构体系

素养维度	素养内容	素养表现
运动能力	提高认知	能够运用所学知识分析和解决运动中遇到的问题 了解运动项目的裁判知识与规则 学会欣赏体育比赛
	运用技能	能够展示所学的运动技能 能在比赛中运用所学的运动技能
	发展体能	能够制订和实施体能锻炼计划,并作出合理评价 体重适宜、体格强健、体态优美、体力充沛

续表

素养维度	素养内容	素养表现
健康行为	锻炼习惯	能够积极主动地参与体育学习和课外体育活动 掌握科学锻炼方法，能够对自我和他人进行健康管理
	情绪调控	能在运动、学习、生活中保持稳定的情绪 面对困难和挫折时能有效调控自己的情绪
	适应能力	能够适应自然环境的变化 人际关系融洽，善于交往与合作
体育品德	体育精神	自尊自信、勇敢顽强、积极进取、追求卓越
	体育道德	遵守规则、友好团结、诚信自律、公平正义
	体育品格	文明礼貌、相互尊重、团队合作、社会责任感

一、运动能力

提高认知、运用技能和发展体能这三个方面是高中学生运动能力发展的重点。提高认知方面，学生要学会从多种渠道获取重要体育赛事和事件的信息，提高体育比赛欣赏能力。运用技能方面，学生要能运用所学的运动知识、技能与方法，积极参与比赛并主动展示自我；能掌握并运用所学的裁判知识和规则，提高发现问题、分析问题与解决问题的能力。发展体能方面，学生要能独立制订和实施体能锻炼的计划与目标，能选择较适宜的体能练习方法与手段，能掌握正确的体能测试流程与体能评价方法，能将体能练习与专项活动相结合以促进专项运动能力的提高，能通过活动提高一般体能发展专项体能。

二、健康行为

高中生健康行为养成的重点是锻炼习惯、情绪调控和适应能力。锻炼习惯方面，学生要能积极主动地参与课内外的体育学习与锻炼，掌握科学锻炼方法，养成体育锻炼的习惯，在形成基本健康技能的同时学会自我健康的管理。情绪调控方面，学生要能在体育活动、日常学习与生活中保持情绪的稳定，在与他人交往中做到包容豁达与乐观开朗。适应能力方面，学生要能在面对各种不同的环境时主动调整并迅速做出适应，在团队活动中积极沟通与合作，善于构建和谐的人际关系。

三、体育品德

高中生体育品德培养的重点是体育精神、体育道德和体育品格。

经常参加各种体育活动与比赛，可以培养学生自尊自强、主动克服困难、勇敢顽强、积极进取、挑战自我、追求卓越的精神，在比赛中能正确对待胜负，胜不骄、败不馁，还能胜任比赛中的不同角色，表现出优秀的团队合作精神与公平竞争意识。

体育与健康学科核心素养是体育与健康学科对时代和社会发展的主动适应，集中体现了体育与健康的核心要素。体育学科的三个素养密切联系、相互影响，通过体育课堂教学活动得以全面发展，并在解决复杂情境的实际问题中整体发挥作用。

第二章

核心素养导向的
高中体育与健康教学策略

第一节　高中体育与健康结构化教学策略

一、概述

（一）结构化教学

结构化教学理论起源于数学学科对单元教学的运用构想，之后逐渐推广到其他学科的教学。学习一门学科，要把握它的基本结构。学生学习运用基本结构的能力，可以作为理解和解决其他问题的基础。结构化教学是基于教材的特点对单元内容进行梳理、整合，并以单元内容为载体，结构化地推进教学活动的过程，改变了传统意义上的从"分"到"整"的教学过程，是从"综合感知"到"逐步学习"再到"综合应用"。

从教育心理学上阐述并解释结构化教学，即教育必须以学生的心理结构为中心。结构化教学的思想重点是构建学生的心理结构，教学系统的所有方面都是为了使学生能够发展自己的思想，产生预期的变化。

各个学科的知识内部都是一个完整的结构化系统，学生的认知活动也具有潜在的结构性。需要以由"整"到"分"再到"整"的教学过程来结构化地推进教学活动，改变学生的心理结构，以期使学生得到更好的发展。

结构化教学是依赖结构化意识、思路和方法，促使学生思维结构层次不断提升，思维能力有效发展的教学。其基本操作框架是通过课前先学、课中群学，在教师整体设计、组织引导下，实现三次结构化。实践中，它特别强调要把握好五个节点：一是导学案的编写；二是学情反馈；三是第二次结构化要精炼；四是第三次结构化要有充分的练习与巩固时间，要有新的任务和内容层次，要在夯实基础的同时体现一定的难度，并通过组织学生经独立思考、思维碰撞、大样本随机抽样检测等手段评估学习效果；五是助学要有针对性。

（二）体育学科结构化教学生成背景

1. 体育学科核心素养培养要求

在传统体育教学中，教师多注重单一技术动作的学与练，看重学生对一项运动技术的掌握程度，把一个整体化的运动技能完全割裂并进行碎片化教学，课堂中也鲜有安排教学比赛，对学生的学习评价仅以单个动作技术测评的方式进行，而学生对运动项目技术动作的整体性没有清晰的了解。在这种课堂下，学生对知识点以及技能的掌握只知其然而不知其所以然，存在"只见树木，不见森林"的现象。

知识的问题，关键不是多少的问题，而是结构的问题。课堂教学是培养学生的体育学科核心素养，落实立德树人的根本任务的主要途径。高中体育与健康结构化教学的体育教学课堂倡导以两个或多个组合知识点的学与练或比赛运用呈现，这样会让学生乐学、想学、会学，可以促进学生掌握运动技能，提高身体素质与体能水平，培养复杂情境中分析问题与解决问题的能力，同时也能够培养学生的健康行为与体育品德等体育学科核心素养。

2. 运动技能及学生认知发展规律要求

运动技术只有通过不断地提高与改进，并在真实情境中熟练运用才能转化成运动技能。高中学校体育选项开设的项目如篮球、排球、足球、羽毛球、乒乓球等多为开放式运动技能，教学中应遵循运动技能形成规律。高中学校体育的教学目标之一是培养学生的运动能力，而不在于仅仅熟练掌握单个技术动作，所以，体育课堂应该是"教—学—练—赛"的教学主线，通过"教"和"学"双向互动下的"练"掌握单个及组合动作并形成迁移，然后在特定的"赛"中提升学生运用技术发现和解决问题的能力。同时，高中学生的自我意识比初中学生明显增强，在掌握初中阶段的基本运动技能和知识后，高中体育课程以专项化的运动技能为主要学习内容。在课程教学中，教师以学生已获得的运动经验为基础，通过创设特定的学习情景，进一步改进和掌握动作，并利用专项化的运动技能解决比赛中的问题，体验完成动作后的幸福感，享受运动带来的乐趣，进一步培养学生的核心素养。

因此，改变传统的从教师技能示范到学生模仿练习的单一技能教学模式，采用结构化技能教学手段，让学生尽早充分地体验完整的运动技术，实行完整—组合—比赛（展示）的教学模式，符合当前中国学校体育课程改革的理念，也能体现学校体育课遵循学生动作技能发展和身心发展认知规律的教学精神。

二、高中体育结构化教学策略的实践

传统体育教学是以知识教学和技能传授为基础的学习形式，单元内部缺乏整合性，这对激发学生的创造力没有益处。传统体育教学模式在教学过程中表现出每节课单一知识点的传授，不利于学生迁移他们所掌握的体育技能，并影响他们获得新的技能。而结构化教学在运动技能的学习中的良性作用，能够使旧技能的学习对具有同构特征的新技能的学习具有很好的辅助作用。

传统体育教学的模式不利于学生的自主学习，在整个学习过程中，学生只了解单个问题，教师传授、学生被动接受的不良现象依然存在。结构化教学的重点是面向学生，使他们能够以自主和创造性的方式学习。将传统体育教学与结构化教学进行比较，可以更加直观地看出这两者之间的区别：传统体育教学的教学内容以单一内容呈现，结构化教学的教学内容以两个及以上的内容组合呈现；传统体育教学以知识技能的掌握为目标，结构化教学以知识技能掌握后的运用为目标；传统体育教学的教学策略是通过多种教学手段强化技术的学与练，结构化教学的教学策略是以练为主，强化有针对性的游戏或比赛，强调学习后的运用。

综上所述，结构化教学不过分追求单一运动技能的传授，不苛求技术动作的细节，强调学习并应用全面且系统的体育知识与技能，更能使学生在体育课上学以致用，培养体育爱好和技能，养成体育锻炼的习惯。

任何学科都应基于实践，通过体验，才能更好地促进认识的发展，在基础教育阶段，尤其应该重视意识本体"我"的实践体验。如何通过教学活动，将结构化思维方式显性化，进而推广到全体学生，优化学生的思维方式，这是必要的。因此，在体育学科进行结构化教学，同样需要建立结构化意识，并在此基础上开展教学活动。

(一) 高中体育结构化教学的特点

1. 完整性与连贯性

结构主义认为，研究事物本质的唯一途径是注意对整体的认识。结构是按一定规则排列的整体，但整体不等于部件的机械相加。低结构化的教育教学活动，是不能满足知识完整性要求的，而在一定程度上"牺牲"了知识的完整性以"交换"知识的建构性。完整性指结构化教学中知识和技能的传授，不是单一技术组合的简单叠加，而是各种动作技巧和要素之间构成的有机整体，从而体现教材内容与教学过程的整体性。连贯性是指运动技能的发展是连续的，与学生运动技能发展的敏感期有关。学生在体育课堂上对知识的实践与运用，在实践中分析遇到的问题并解决问题，这是一个动态的过程，而不是结果。

2. 实践性与运用性

根据体育学科自身特点，体育学科教学与其他学科最大的区别在于通过实践进行身体练习来运用技术动作。体育课堂结构化技能教学的最大目的是通过认知和学习，结合现有的体育知识，使学生运用和实践体育项目的内在规律，从而突出"健康第一"的理念，实现学科教育的终极目标。实践性是指学生在体育课堂上的学与练；运用性是指学生综合知识和技能在体育运动中的应用和延伸，以应对比赛或各种运动情境。学生的体育学习是在一定的体育情境中通过不断的实践和知识的应用而积累起来的。它不是直接强加的结果，而是知识在学生学习过程中的内化和应用。

3. 层次性与关联性

层次性指的是知识与技能之间是由易到难、由简单到复杂的递进关系，而关联性是指各种知识和技能之间的相互联系和促进。根据运动技能的特点，一般分为开放式运动技能和封闭式运动技能。开放式运动技能是动态且不可预测的，封闭式运动技能具有相对的稳定性。如：球类运动是典型的开放式运动，而体操则属于封闭式运动技能。在教授开放运动技能时，教师应注意引导学生对完整动作技能的学与练。在模块的单元教学中，应设计不同的运动情景以提升对完整技动作的理解水平。在封闭式技能教学中，学生在掌握单个技术动作后应尽快过渡到完整技术动作的学习，并让学生尝试在合作展示的情境中运用完整动作。但长期以来，由于受到"知识中心论"与"技术中心论"的深刻影响，传统体育教学只注重对某一项体育技术的学习和实践，学生只掌握单一的技术动作，而不能将多个技术动作衔接起来，更无法胜任一场完全需要运用技能的比赛。运动技术的相关性决定了技术是相互关联和相互促进的。现实中，学生仅掌握一种技术，既无法在比赛中加以运用，也不利于培养学科核心素养。

表 2-1　开放式运动技能结构化教学示例

动作技能发展水平	内容组合模式	要求
认知阶段	①+②	侧重于对运动的体验和认知，以单个动作技术为基础拓展组合练习方式
改进阶段	①+②+④	侧重于单个动作两者或多项间的有效衔接，以组合动作技术为基础设计展示或比赛
完善阶段	②+③+④	侧重于组合练习中战术意识的渗透和能力的培养，以战术为基础设计展示或比赛
自动化阶段	③+④或④	侧重于通过完整比赛或其他高阶情境培养学生技战术综合应用素养

注：①为单个动作技术，②为组合动作技术，③为个人战术与局部战术，④为展示与比赛。

学生在学习过程中尽可能早地体验完整的动作并在比赛中巩固与运用，是结构化技能教学目标。在结构化技能教学中，通过"单个动作—组合动作—多种复杂情境的运用与展示"等环节的反复练习，学生获得更多的运动体验，也更能提升单个技术动作的复杂运用能力。在运动技术得到更多迁移的情形下，学生的体育知识和运动技能也将由简到繁、从碎片到完整。

（二）高中体育结构化教学的策略

1. 课程目标：贯彻体育学科核心素养的理念

任何一门学科的教学目的都应当与国家的教育目标保持一致。体育课程的教学目标是通过知识的积累，将学生培养为德智体美劳全面发展的人，让学生真正地爱上运动，爱上体育这门学科。体育学科的根本教学目标是培养学生的体育素养，如果仅仅通过单一授课形式传授给学生书面上的知识和理论，难以让学生真正掌握核心素养知识。体育学科的教学方式要采取理解式教学，通过分析学科知识的结构，让学生真正理解学习内容，提升学习能力，从而将单个运动技能的知识点串联起来，形成知识网络。这种组合式的教学模式被称为结构技能教学。无论是课程的开发者，还是体育教学者，都要遵循一定的教学规律，从学科素养、单元设计、课程实施、学习评价几个环节进行教学。由此可见，体育课结构化技能的教学理念，既继承了传统的教学模式和示范结构，又能让学生在教师提前设计好的教学情境中，构建学习框架，探索知识海洋，从而达到体育学科健身育人的目标。

2. 课程内容：反映体育学科的基本结构

不同的学科有着不同的教学形式和教学方法，所采用的教学模式也是不同的。结构主义课程论强调突出教学内容，并要求可以从中反映出该学科的基本框架。随着社会对人才的需求越来越大，育人的方式也越来越丰富多样，其中，新范式教学模式是使学生通过参与行动和实践这些环节，更全面地掌握教学内容，由被动接受知识转化为主动吸收知识，从而激发学习的积极性，为后续学习难度较大的知识奠定基础。

通过多次的探索和比较，结构化教学模式是达成体育课程国家标准中效率较高的模式，每节课的设计情景和教学内容能突出重点，将多个教学元素组合，在一定的时间内进行教学竞赛或技能比拼，这样既可以增强学生学习的主观能动性，也能激发他们的学习乐趣，如此循环往复，体能和运动能力都将得到大幅度的提升。举例来讲，在排球、足球、篮球等对抗类项目中，教师可先传授学生怎样在运动中发现对方的漏洞，同时利用漏洞为自己创造进攻的机会；之后可以开展两人对抗、小组对抗、多组对抗、空间对抗、传球对抗等游戏，让学生最大限度地感受竞争性游戏所带来的乐趣，培养他们勇于挑战困难的精神，加大他们对体育项目的热情。这些游戏和比赛，让学生感受到团队合作的重要性，引导学生主动去思考问题，增强自身素质。这样一来，不仅能够提升学生的运动技能水平，也能够更好地激发学生的锻炼兴趣和参与热情。

3. 课程实施：创设复杂运动情境

结构主义课程理论的核心内容是要求教师采用最有效率的教学方式，让学生在最短的时间内掌握学科结构和学习方法，即发现学习和探究学习。为了激起学生的学习兴趣，培养他们主动思考的能力，教师要精心设计体育教学情景，以此提升学生的运动技能和综合素质水平。体育教学情境需要教师提前设计，需要结合学生素质水平进行个性化定制。如果只是简单地创造单一教学情景，那么对学生提升核心素养能力是毫无意义的。

教师所设计的教学情境来源于生活，并在课程中还原。日常生活中所遇到的各种现象都可以重现在体育课程中，比如设计耐久跑情景时，可以根据旅游景点这一主题来开展情景模拟，设计不同的跑道和路线，采取慢慢行走、低重心行走、高重心行走、向后蹲着走、慢跑、折线跑、牵手跑、曲线跑、接力赛跑等形式，让学生在不同的组合中慢慢完成耐久跑项目，既摆脱了单一跑步时的枯燥，又激发了学生对耐久跑的兴趣。而且，组合模式能让学生根据不同的跑步形式、动作技术来提升运动能力，在不同的场景比赛中培养体育品德。体育教师可以根据空间、方向、机械使用、游戏场景等多种情境因素来设计更生活化和更具趣味性的运动场景，但一定都要以学生为教学中心，帮助学生在运动情境中自由成长，引导学生积极向上发展，真正感受体育学科所带来的乐趣。

4. 课程评价：指向深度学习的表现性评价

课程评价是研究课程价值的重要因素之一。评价反馈可以反映教学课程的成果和价值，为教学和建设提供服务。体育学科的教学价值是健身育人，如果仅仅传授运动技术或单一知识，而忽略了情境化教学环境和多样化教学方式，则对学生提高运动水平毫无益处。反向观之，结构化技能教学对整个教育领域能起到极其重要的作用。

课程评价的标准与深度学习的反馈结果息息相关。深度学习的主要内容为：通过学习某一学科的知识内容，产生批判性思维，在团队中做到协同合作，高效沟通,且自己产生对这一学科的见解。深度学习更侧重学生在吸收理论基础上,将理论充分应用到实践中,从而强化实践能力。表现性评价更多应用在真实的教学情境中,通过评分判断学生完成学习任务的表现。在体育课上,体育教师通过使用器械来提高学生的学习能力和运动水平。将以上环节串联起来,即在真实情景化教学中,让学生进行深度学习,从而产生表现性评价。这样不仅增加了学生主动参与运动的积极性,也通过评价反馈使教学质量进一步得到提升。

表 2-2 《排球:网前二传》结构化教学案例

教学内容	学练方法	教学策略及意图
多媒体讲解网前二传	（多媒体讲解站位示意图） 1 抛球—2 传球—3 捡球	运用多媒体讲解网前二传的站位、传球技术要点和出球方向
六人轮流传球练习	1 抛球—2 传球—3 捡球	六人轮流练习:传球者 2 将同伴 1 抛过来的球传给同伴 3。练习时可在网上放置标志杆,增加传球的目标性
二人抛/传球练习	2 抛球—1 传球—2 接球	两人配合练习:练习者 1 从三米线后移动到前面传球,抛球者 2 待球传出后移动到右前方跳起将球抱住。该练习将移动和传球结合起来,抛球者也发展扣球的助跑、起跳能力
垫球、传球串联练习	1 抛球—2 垫球—3 传球—1 接球	三人配合练习:1 抛球给 2 后撤位,跳起接 3 的传球,2 垫球给 3,3 传球给 1。该练习将垫球、传球技术组合起来,传球者需要将垫起的球传出,增加了预判和移动取位的难度

续表

教学内容	学与练方法	教学策略及意图
攻串联练习	1 抛球—2 垫球—3 传球—1 扣球—4 捡球	六人组合练习：1 抛球给 2 后，排至垫球队尾；2 垫球给 3，垫后至网前准备传球；3 传球给 1，传后到对面场地捡球；1 扣球后排至垫球队尾；4 捡到球后排到扣球队尾。该练习将垫球、传球、扣球技术组合起来，使练习的情境趋近于实战
简易排球比赛		创设比赛情境，以赛代练。为了降低难度，允许抛球到对方场内，且必须经过三次击球才能过网。重点强调运用网前二传组织进攻

注：● 有球人　○ 无球人　→ 球路线　⇢ 人路线

第二节　高中体育与健康情境化教学策略

情境是知识转化为素养的桥梁，情境化教学是指教师设计某个特定的教学情境，让学生处于情境中进行知识的学习和实践，也意味着教师通过设计情境手段，将学生与教学内容联系到一起，并在相应的情境中去学习和研究知识点，由此来提高学生的综合能力。情境化的体育教学是教师将知识点与技战术学习融于复杂情境中，引导学生主动运用知识与技能来分析与解决问题，将枯燥的学练过程转化成主动探究的过程，也是提高学生学习积极性与学习效率的教学过程。

一、提高体育情境化教学效果的措施

（一）强调理论知识学习与实践应用

体育学科的教学目的是健身育人，不仅要让学生掌握体育基本知识理论，也要重视学生的体育学科素养水平，打破传统的教学模式和理念，在充分掌握理论知识的基础上，将理论应用到日常生活中，由此感受体育学科所带来的魅力。

（二）激发学生积极参与情境化教学的热情

教师可以采用多种课堂互动的方式，如提问或游戏等方法，让学生积极地参与到活动中，这样有助于学生更好地理解和吸收知识，并由此增强学习的主观能动性，提高综合素质水平。

（三）设计生活化和个性化的教学情境

教学空间不同是体育学科与其他学科的最大区别之一，体育教学主要在户外进行，学生通过身体活动，使用体育器材，从而将所学习的理论知识转化为实践活动，而生活化和个性化的教学情境也为更充分的实践应用提供基础。

学生的学习兴趣和生活经验紧密相连，越是贴近学生生活经验和生活实际的内容，学生就越容易理解和掌握，越能激发学习的兴趣。情境化教学能够使学生更好地吸收体育知识，并充分应用到实践中，完成理论到实践的转变。情境化的教学能让学生产生更为具体和直观的感受，将体育知识与日常生活相结合，从而更加高效地学习贴近生活的知识。

二、高中体育情境化教学策略的实践

（一）创设问题情境

在教学时，教师应引导学生主动去发现问题，并在分析的基础上解决问题，这有助于提高学生的思维能力水平。以高中"单手肩上投篮"教学为例，为了让学生掌握正确的出手角度，教师提出"体会不同抛物线命中率"的问题，让学生尝试调整出手角度完成低弧度、中弧度和高弧度抛物线的投篮练习以验证进球命中率，加深对投篮出手角度的理解与掌握。教师问题情境的营造，有利于学生自主地发现、分析和解决问题，从而使教学的有效性得到进一步的提高。

在篮球传切战术配合教学中，教师可创设人数上多打少的"3对2传切教学比赛"情境，来解决传统"2对2传切教学比赛"中学生暴露出来的切进路线、传球时机不到位等一系列配合不佳的问题。学生利用多一人的传导球吸引防守移动再伺机切入接球攻击篮筐，完成战术配合。该练习，可加深学生对于切进路线、切进时机以及何时传球的理解，掌握传切战术配合的精髓。

（二）创设比赛游戏情境

具体化的情境创设能将体育学科核心素养中隐形的内容外显出来。相较于运动技能水平，体育品德学科核心素养中的体育精神等内容不容易进行直观的评价。教师通过创设"让分赛"，让学生在开始就处于比分落后的比赛情境中培养积极进取、勇敢顽强的优良品质。

高中生天性好动爱玩，游戏对于他们来说有很大的吸引力，游戏的输赢和惩罚措施可以提高学生运动练习效率。例如，在"挺身式跳远"课程中引用情境教学法，能时刻抓住学生的眼球，有效激发学生对体育的学习兴趣。按照常规，教师先带领学生做热身运动，接着导入一个游戏，在空旷的运动场上开展。游戏规则如下：平均分成四组，每一组为一个单位，先让一位同学跳三次得出最大距离，然后其他人接着上一人跳，观察哪一组跳得远。输的一组学生，将通过"手搭手50米蹲着走"作为惩罚。

（三）创设生活情境

在课程教学中，可以给学生创设生活情境。以"前滚翻"课程教学为例，告诉学生行走突遇障碍物绊脚而失去重心时，让学生思考应该如何应对这种情境。教师在海绵垫上设置一个小障碍物，然后让学生尝试绊到这个障碍物以观察各种反应，最后示范低头团身前滚翻缓冲的动作。这能激发学生学习的热情，让学生在模拟练习中掌握动作要领。

教师在创设情景时尽量贴近学生生活，这样有利于学生在课堂中解决生活问题，于提升自身学习兴趣的同时提升课内运动技能水平。

表 2-3　篮球内外线传接球情境化教学设计案例

顺序	情境主题	情境内容
1	简单情境	创设简单的技术配合场景，在无防守情况下内外线传接球配合
2	简单对抗情境	创设难度适中并具有实战攻防特点的场景，在一名外线防守干扰的情况下内外线传接球
3	复杂对抗情境	创设较高技战术水平并具有激烈对抗性的战术配合场景，内外线传接球时有两名防守者
4	接近实战情境	以实战运用为主，创设接近实战的场景，鼓励学生在此情境中灵活地运用技战术
5	接近实战情境的变化	变化实战场景，从2对2攻防练习延伸至3对3攻防练习，激发学生技战术能力的迁移

第三节　高中体育与健康深度化教学策略

课堂是学校教育的主战场，也是学科核心素养培育的主要渠道。全面建设"金课"的课堂改革目标，强调课堂教学的高阶性，是知识、能力以及素质的有机融合，旨在培育学生分析与解决复杂问题的高级思维和综合能力，要求课堂教学合理拓展深度，有效培育学科核心素养。高中体育与健康教学要做到有效培育学生的学科核心素养，就必须进行教学过程的转型。体育深度化教学作为一种超越浅层化教学局限的教学理念，通过整合链接和深层开发教材内容，深入实施发展学生真正体育能力的课堂组织，可促进学生深度学习直抵知识内核和学科本质，进而实现体育学科的多维价值。培育学生学科核心素养，是体育课程"怎样培养人"的有效路径。

一、高中体育深度教学的内涵与理念

（一）内涵

深度教学是基于知识的内在结构，通过对知识完整深刻的处理，引导学生从符号学习走向学科思想和意义系统的理解和掌握，并导向学科素养的教学。深度教学不是知识难度和知识量的盲目增加，也不是教学形式化和表演化的错误倾向，而是为了实现学科知识的多维价值，聚焦于课程目标的深度与完整达成，力图把"水课"变成有深度、有挑战度的"金课"。

体育深度教学是教师借助体育活动情境，通过带领学生进入体育知识内在逻辑形式和意义领域学习，让学生深度参与教学过程且深刻把握学习内容、体验运动价值、培育学科核心素养的教学活动。体育深度教学力图改变浅层化教学和工具性教学的传统体育课现状，通过结合体育情境的问题导向教学和运动项目内外融合的结构化技能教学，提升学生高阶体育能力，强调学生的情感体验，是对体育学科核心素养培育诉求的回应。它始终坚持教学方法服务教学目标，以学生的丰富发展为出发点和落脚点，所有教学方法、手段的运用，都是为了最大限度地提升学生的体育关键能力和学科素养。

体育深度教学超越浅层化体育教学的桎梏，引导学生通过对基本知识的认识与理解，对动作结构的掌握与自动化，做到学科内外项目之间技术融合发展，提高体育运动能力和体育问题解决能力。

体育深度教学突破工具性体育教学的局限，回归体育教学的本源，突出学生在体育学习中的主体地位，激发学生的运动参与和情感体验，培育学生的运动兴趣和体育品格。

（二）理念

体育深度教学的目的是通过课堂教学方式的变革，有效提升课堂教学质量，促进学生的丰富性发展，培育学生的学科核心素养。技术主义取向的教学方式偏重于技术层面的教学，单纯强调学生学习方式与学习活动的多样性，把表面的课堂活跃认定为学生主体性得到了发挥，学生的学习仅停留在表面学习、表层学习甚至表演学习上。体育深度教学则通过教学活动结构性、系统性的变革来实现体育教学方式的转变。这种变革需要学生改变知识浅层处理的做法，引导学生批判性反思，深度处理知识，力求学用一致化，追求知识学习在认知方式、情感体验、思想境界、处事方式等维度上发生实质性变化，发展学生高阶体育能力，培育学生终身体育意识，从而实现体育的多维价值。

1. 发展学生高阶体育能力

体育深度教学的知识论目标是实现学生高阶体育能力，即灵活运用体育知识能力和解决体育实际问题能力。根据体育知识和技能运用的即时性、开放性和复杂性，体育深度教学密切结合不同体育情境，强调反思性学习和批判性思维，突出学习的深刻性，要求学习者深入理解学习情境，通过对情境关键要素的判断和把握，面对不同情境能够及时判断差异并迁移运用。通过深度教学，学生深刻理解体育知识的本质和结构，具备应变不同体育情境的高阶体育能力和学科素养。

2. 培育学生终身体育意识

体育深度教学遵循"教育回归生活"的理念，力求学用一致化，注重学生体育学习与实际应用的连接。实际运用是学生体育学习的重要资源，是学生深度理解体育知识、掌握运动技能的重要材料与支撑。在教学过程中，让学生带着原有的知识经验参与体育知识的学习与理解，可以通过新旧知识联系和已有运动技能迁移，快速进入知识的建构与技能的生成，提高体育学习的效益。应用则是学生体育学习的最终目的，也是学生乐于钻研体育原理、勇于挑战对抗竞争的动力源泉。体育深度教学内容密切结合学校和社区的条件，使得学生通过课堂发展的体育能力可以在走出课堂和校门后有应用的机会和舞台，让体育知识和运动能力不再是孤立的符号或者应试的技能，有效提高学生的体育兴趣和终身体育意识，培育他们的体育学科核心素养。

3. 努力实现多维体育价值

体育知识的直接记忆和刻板理解，体育技能的重复模仿和机械训练，都不是体育深度学习，只是体育知识和体育技能的照搬传送，仅作为符号的学习、记忆、训练和占有。体育深度教学的学习观强调学习的沉浸性和层进性，直抵学科本质，实现体育学科的过程价值和育人意义，培育学生体育学科核心素养。体育学科知识包括理论知识和技能知识，其多元价值和实践特点决定了体育学习必须重视学习过程和体验建构。体育知识的价值要素丰富多样，包含不同维度，必须通过浸润式和层进式的深度学习，才能实现教育的丰富性发展。

二、体育深度教学促进核心素养的培育

（一）关注学生运动能力的提高

运动能力是体能、技战术能力和心理能力等在身体活动中的综合表现，具体表现形式为体能状况、运动认知与技战术运用、体育展示与比赛，是体育学科核心素养中最能体现学科特色的素养，是体育深度教学的内在追求。

受"生物体育观"和"运动技术中心论"的影响，传统体育课堂教学把体育教学的功能窄化，认为体能增长或掌握运动技术是体育教学的唯一目标，单纯追求大运动量和单个技术难度，忽略学生体能的有效性发展和技能的实践性运用，一定程度造成了学生体质状况的连续下降或经多年体育技术动作学习却未能掌握一门运动技能的状况。而体育深度教学则始终关注学生运动能力的本质提高，努力超越浅层教学，结合真实的体育情境教学和体育项目内外的运动技术融合教学，全方位提升学生的体能，培养学生技战术能力，提高学生实战水平。

体育深度教学突出学生体能的整体性和有效性发展，力图做到教学内容均衡、学练方式科学合理、学生体能水平和自我锻炼能力同步提高。教学内容除了安排常规的技术教学外，根据不同运动项目对体能发展促进作用各不相同的特点，可以针对性地安排补偿性的体能练习，如主教材是短跑、跳远、跨栏等速度、力量内容时，体能练习则可以安排灵敏性、耐力性等内容；如主教材是对协调性、耐力等有显著促进作用的健美操、有氧舞蹈、武术等时，则可以安排速度、上肢力量、快速反应等体能练习。同时，体育深度教学力争教会学生了解体

能练习的相关知识和原理，掌握多种科学的体能锻炼方法，学会制订体能锻炼的计划以及评价体能练习的效果等。

体育深度教学努力让学生体验完整的运动，培养学生关联性的运动知识和技能，使学练结构化。对于开放式运动技能学习，深度化的教学更强调引导学生面对变化的、复杂的情境去运用综合的知识和技能解决问题；对于封闭式运动技能学习，深度化的教学更强调在基本掌握单个动作技术的基础上，尽量早地学练多项单个动作技术之间、单个动作技术与完整动作技术之间的联系，注重技术的融合学习。体育深度教学，不再是孤立的单个技术学习模仿和机械训练。

（二）聚焦学生健康行为的形成

健康行为是增进身心健康和积极适应外部环境的综合表现，是提高健康意识、改善健康状况并逐渐形成健康文明生活方式的关键，具体表现形式为体育锻炼意识与习惯、健康知识掌握与运用、情绪调控、环境适应。健康行为有利于学生养成健康习惯和健康意识，有利于学生的体魄强健和身心健康。

体育深度教学具有过程性、建构性的特点，教学内容注重与学生生活经验建立联系，教学方法主要通过互动与反思让学生自主地深度学习，从而培养健康行为核心素养。这里所说的生活经验是指学生的体育与健康课堂学习经验、课外锻炼经验，这种经验是通过较长时间的学习和活动体验累积而成的。体育深度教学选择学生有生活经验的内容进行教学，整合意义连接的学习内容，进而引导学生激活先前知识和所获得的新知识进行有效和精细的深度加工。这样一来，学生对教材内容熟悉，并有一定的体育基础，既保证了学生的学习兴趣，也有利于学生课外体育锻炼的进行，激发情感驱动，积极主动地参与体育学习过程中的自主建构，从而通过体验养成良好的体育锻炼习惯和终身体育意识，提高个人的外部环境适应能力。

运动技能水平的提高是一个复杂信息加工并呈螺旋式上升的长期学练过程，不仅需要学习，更需要反复练习。体育深度教学重视同一运动项目的技能教学和不同学段之间的有机联系，在学与练结构化的基础上，由低学段向高学段做到循序渐进、逐步提高。这样有利于学生真正系统地学习、练习和掌握一项完整的运动，培养学生的运动专长，奠定学生终身体育的基础。

（三）指向学生体育品德的培养

体育品德是指在体育运动中应当遵循的行为规范以及形成的价值追求和精神风貌，对维护社会规范、树立良好的社会风尚具有积极作用，具体表现形式为体育精神、体育道德、体育品格，是学生经过长期体育学习和锻炼后逐步形成的关键品格，是体育与健康课程三维目标和体育学科核心素养的重要组成部分。

体育深度教学充分关照体育运动的多维教育价值，秉持超越工具教学的理念，采用师生互动性教学方式，让学生的体育学习联系知识内核，触及学科本质，从而培育学生体育精神，加强学生体育道德，塑造学生体育品格，指向学生体育品德的全面培育。

体育深度教学以实现体育的多维教学价值为追求，要求体育教师在教学过程中，摒弃工具教学的观念，一切以学生为中心，采用互动的教学方式，所有教学目标和活动环节围绕学生设置。与目前部分体育教师由于不能深刻认识体育学习中学生的主体地位，把学生当成学习的工具，而出现的"假自主、假合作、假探究"体育教学不同，体育深度教学要求教师能融入学生的学习活动中，除了指导和启发，还要积极参与学生的学练活动。学生只有带着积极的情感参与体育学习，才能增进对知识的理解，才能让知识深入内心，最终达到改造思想、形成信念的目的。

在教学方法上，体育深度教学倡导教师指导与学生的自主学练有机结合。教学过程中充分调动学生的学习积极性，增强学生情感驱动，引导学生充分体验体育学习的丰富情感变化和精神道德意义，深刻理解运动的价值，实现学生体育品德的发展。

三、高中体育深度化教学策略的实践

（一）整合链接和深层开发教材内容

1. 由单一技术转向整合链接

在传统体育教学中，体育教师为便于学生技术掌握，提高教学效率，选择孤立零散、脱离情境的体育知识作为教材内容,让学生进行知识符号记忆和动作结构模仿,造成学生只能孤立、零散、碎片化地进行知识存储。然而,孤立地选择单个技术或者单个战术进行教学,并不能让学生达到学好一项体育运动的目的。因为每一项运动项目的不同技能、战术之间都是相互联系的,如果碎片化地进行教学,实际上割裂了它们之间的知识连接,不利于运动技能的整体提升。

深度教学要构建知识间的关联性,帮助学生从整体上思考对学科的理解与把握,促进学科间或学科内部知识间的迁移与应用,实现发散性、创造性的思维培养。因此,体育深度教学需要教师全面地分析教材、深入地挖掘教材、灵活地整合多种技能或者多种战术,即整合分散的教材内容,将孤立的知识要素链接起来,让学生充分地体验、全面地理解和深入地感受一项完整的运动。教材内容要做到由"单一技术"转向"整合链接",做到教材新旧知识之间建立连接和不同项目、技术之间相互融合,努力实现体育知识的关联性和学生学练的结构化。在教学中,教师要避免仅选择孤立或静态的单个知识点与单个技术作为教材内容,应增强知识点之间或动作技术之间的有机联系,并尽量将必要的对抗练习和比赛情境整合使用,促进学生学习和掌握结构化的运动知识和技能,体验在不同的情境中运用多种知识和技能去解决问题,提高单项运动的整体技术水平。

2. 由浅层使用转向深层开发

由于体育的多元性功能和多维度价值,体育教师必须深刻理解和把握体育教材内容的深层内涵,在教材使用时做到由"浅层使用"转向"深层开发",即教师借助特定的活动情境带领学生超越表层的知识符号学习和技能动作模仿,透过体育教材的深层结构,进入知识内在的逻辑形式和意义领域,发展学生深层的思维方式和知识的组织方式等,进而实现体育知识的整体意义和多维价值,即实现学生的学科核心素养。

相较于浅层知识,让人真正受用终生的不是那些符号知识本身,而是其背后所隐含的内在价值,是思维方式、价值观念以及在知识学习过程中所获得的丰富的情感体验。教材的价值是超越教材本身,挖掘教材背后的知识,透过教材培养学生的学科思维方式,实现学科知识的生活价值和发展价值,这才是深度教学的内在追求。

由于受到"三基"教学论、生物体育观和应试教育思想的影响，传统体育课堂中的教材往往只被浅层使用和片面开发，体育学科教材所蕴含的思想性、方法性和价值性等知识更为核心的内容被排除在教材开发的视野之外。

因而，体育深度教学必须实行教材的深层开发，把教学内容看作变化的、动态的、发散性的知识体系，是一种经验性和实践性的存在；体育教师需要挖掘知识内在的精髓，帮助学生从技能学习层面提升到实践运用层面。

（二）发展培养学生体育能力的课堂组织

1. 开展深层化学习，构建学生的高阶体育素养

高阶体育素养是指学生不仅知晓各种体育知识概念和熟练掌握各种体育技能，还能够根据所面临的不同体育情境做出正确的判断，灵活运用各种技战术完成相应任务。由于体育情境和问题具有开放性、综合性、不确定性和复杂性的特点，因此体育问题的解决需要调动多角度、多维度、系统性、综合性的知识和多方面的能力，仅仅依靠知识概念符号、单一技术或战术不可能解决所有的体育问题。当前我国中小学生的学习大多数停留在"记忆、理解和简单应用"的层面。这个层面上的教学只能教会学生认识世界和按图索骥地执行任务，只具备机械地运用片段化知识的问题解决能力，难以适应各种情境的不确定性。

体育深度教学的深层化学习是超越简单体育技能的浅层化学习的，应结合教学情境增进学生体育问题解决能力，培育学生的高阶体育素养。体育深层化学习强调学习的建构性，着意迁移运用，要求学习者在学习体育理论和技能等浅层知识的过程中，不能仅是肤浅的理解、机械的记忆、简单的复制，还要深入理解学习情境，把握不同体育情境的关键要素，弄清具体问题的差异，进行主动的知识建构，对不同体育情境可以作出举一反三、准确明晰的判断，建立起完整全面的体育知识结构体系。

为实现学生的深层化学习，体育教师应深入了解学生的先前经验，理解新知识的类型，紧密结合体育情境，指导学生在新旧知识、概念、经验间建立联系，让学生在面对各种不同的体育问题中进行知识的提取、迁移和应用，引导学生积极体验,最终达到将所学知识与情境建立联系并实现迁移的目的,从而建构属于学生自己的新认知结构。

2. 重视互动和反思环节,培育学生的体育非认知技能

体育认知技能是指对体育知识、运动技能的记忆、理解和掌握,是体育能力的低阶水平。体育非认知技能包括个人技能(如技战术运用、自主体育锻炼、情绪调控、适应能力等)和人际技能(如复杂交往、进取品格、团队精神、社会责任等),是体育知识、运动技能的运用和创造,是体育能力的高阶水平,是学生体育学科核心素养的重要内容。在体育教学中,体育教师应充分认识学生发展非认知技能的重要性,摆脱传统符号记忆和技能模仿的浅层教学窠臼,深入把握知识的内在结构,充分发挥体育的社会文化属性,通过体育活动的不同情境,让学生承担不同角色,肩负各种责任,与同伴、对手进行合作竞争完成体育任务,彰显体育教学的情感熏陶、思想交流、价值引导功能,提高学生的各种非认知技能。

课堂教学要有效提高学生的体育非认知技能,必须加强互动和反思环节的深度教学,为学生的知识建构创造有利环境。

首先,互动是学生构建知识体系的重要方式,而反思则是一种重要的高阶思维能力,可有效提高学生的高阶体育能力。体育教师要充分认识互动和反思环节的重要意义,把其作为体育课堂教学的重要环节和主要策略来实施,在教学过程中充分利用其价值,发展学生的体育非认知技能。

其次,体育教师可采取设计互动性教学流程、构建互动性教学内容、搭建互动性教学环境的方法,以提高师生之间、学生与学科教材之间、学生与自身学习活动之间的交互程度。在互动环节中,教师要利用必要的学习资源,引导学生根据体育情境的具体情况,借助教师或同伴的帮助,通过相互反复激发、评价与修正,逐渐形成新的认知,达到对知识的深层理解,获得能力发展。

最后,体育教师应重视学生在体育学习中的反思,开展评价与批判活动,培养学生的批判性思维,提升学生深度思考问题的能力。在体育教学中,创设促进反思的学习环境,鼓励学生对自己以及他人的技战术问题或运动参与方式进行分析、评价,可采用讨论、辩论、评比、情景测验、项目评价、谈话评价等多种方式来激发学生的学习兴趣和动机，培育学生的反思习惯。

3. 通过合理的运动量，提高学生体育运动能力

体能是提高运动技能水平的基础和保证，而技能的学练又可以促进体能的提高。同时，在体能和技能学练的过程中，让学生体验各种丰富的情感，培养学生的体育兴趣，有利于学生反思建构知识，探寻知识的内在价值。因此，体育深度教学目标的实现必须建立在学生技能掌握和体能增长的基础上，体育课堂必须保证正常的技能学练和一定的运动负荷，任何抛开体能和技能来谈体育深度教学，都是没有意义的。

体育深度教学与技术主义取向的课堂改革不同，其对体育的深度开发，不是为了教师组织能力的展示，也不是为了学生学习方式的表演，而是意在学生的丰富性发展方面，立足于学生的体能和技能提高。在体能发展上，要求每节课运动密度不低于75%，练习密度不低于50%，运动强度达到平均心率140—160次/分钟。在技能教学上，应针对开放式运动技能和封闭式运动技能的不同特点采用不同的教学方法。

开放式运动技能项目的教学注重学生对某项运动的完整体验和学练，通过循序渐进创设不同难度活动情境，使学生提高运动技能水平以及分析问题和解决问题的能力，形成良好的体育品德。

封闭式运动技能项目的教学应注意单个动作与完整运动的有机联系，提高单个动作和组合动作的技术水平和运用能力，不过分追求单一动作和技术完美后才进行完整运动的练习，让学生在完成完整运动或参加展示与比赛的基础上，不断挑战自我，提高运动成绩并形成良好体育品格。

第四节 高中体育课堂教学的有效性分析

一、教学有效性概述

对教学有效性的概念界定主要有以下三种：

第一，经济学的角度，用教学效果、教学效益、教学效率来圈定有效教学的具体范围，也就是我们理解的效率高、效益好、效果明显。

第二，利用学生的价值取向来确定教学是否有效，即能有效促进学生发展并有效达到预期教学效果的任何教学活动都可以称为有效教学。

第三，对有效教学进行从浅到深的结构化分析，追求达到"良好教学"的目的，自觉树立先进的教学理念，并通过综合运用各种教学策略去实现，使教师和学生能够持续不断地和谐发展，使体育课堂教学中的有效性体现教与学的统一。把教与学割裂开来谈论有效教学是不够准确的，教学有效性是一个与时俱进、不断发展的理念。

教学是教师和学生共同参与和互动的过程，由教师的教和学生的学所组成。教学是否有效，不仅是教师是否完成了教学内容，还包括学生是否完成了学习，是否达到预期的目标。换句话说，教学的有效性需要从双方进行评估。

体育课堂教学是教师有目的、有计划组织学生实施有效性体育学习的过程。研究普通高中体育课堂教学有效性的问题，要明确的是教育的持续性。为了使教育教学达到更高的水平，永远都不会仅用一个专门的、完全具体的教学标准，来衡量一节体育课是否有效或无效，而是要尊重体育教学事实，尝试从最基本的教与学的关系、最终目的的人的培养和更高指向的人与文化的双重创生等角度作为标准去思考衡量。

（一）教学有效性的事实基础

在实际课堂教学中，"无效教学"以一种教师与学生之间失败的对称关系普遍存在，这种"假教学"以一种虚假时尚的行为模式被广泛地模仿和关注，空有其表，根本不能说成是教学的形式，更没有很好地建立起教与学的真实相互关系，而只是空有教师、学生等其他教学基本要素组成的所谓"教学活动"。在普通高中体育课堂教学的过程中，也有这种"假教学"的情况存在。譬如，体育教师在课堂讲解动作示范时，一些同学盯着教师，看似在认真听讲，实际上思绪早已在操场上游荡，此时教师与这些学生根本就没有建立起真实关系，对于这些学生来讲，教学就是无效的。

（二）教学有效性的价值基准

教学是以人为本存在的，不体现人的本质或教学的开展不以人为本的，那就不能说成是有教学活动存在。对于教学有效性的衡量，必须有价值的准星。这个准星就是看教学活动的完成是否促进学生向着健康积极、自我超越的方向发展，即教师对学生的正确引导能让学生在学习指定的内容后，将这些知识或内容很好地运用起来，将具体学习的内容转化成可持续促进自身发展的本领。由被动地接受学习转变为自觉主动地学习，实现内容、形式和意义学习三位一体化的价值显现，这样才算真正的有效教学。

要想使教学取得更进一步的有效性，师生之间建立对称关系，教与学之间建立对称关系和坚持促进学生朝着可持续发展的、健康积极的道路三者缺一不可。

（三）教学有效性的历史标准

衡量教学有效性的标准，不仅看教与学是否在课堂教学过程中形成真实的对称关系，还看课堂教学是否促进人的可持续性超越，更要看课堂是否拥有人与文化双重构建的关键因素。在以上条件中，再从不同的视角、方法、思维，以辩证的态度去审视教学有效性的问题，才是评价课堂教学有效性根本的和历史的标准。

二、高中体育课堂教学有效性标准的制定

（一）制定基础

从教学本身出发，教学的有效性需要关注教学的生命意识，关注教学的经济价值和智慧活动。课堂教学有效性评估标准的制定至少应包括教师的教学技能、教学态度和教学智慧，学生的积极参与、艺术性，教学活动组织的灵活性等因素。教学有效性评估标准应着重于营造良好的教学氛围，重视学习策略的教学，强调创新素质的培养，引导学生朝教学目标发展并积极参与。

教学有效性的评价应该关注学生的学习或发展，关注教学效益，关注可测性或量化，教师应具有时间与效益观念，具备批判意识并确立有效教学策略。

理想的有效教学是整体有效性、长期有效性和特色有效性的统一体。课堂教学有效性是教学印象、教学规范、教学功底、教学水平和教学风格共同作用的结果，是教学境界、教学过程和教学状态的有机结合。

学生体育学科核心素养的培养重点，是运动技能、健康行为和体育品德缺一不可，这也是当下体育课程教学最基本的要求。

总体来讲，因为每个地区基本情况不同，所以体育课堂教学有效性的评价标准也有所不同，不可能也永远不会制定出一个适用于所有情况之下的教学评价标准。

（二）制定原则

不同视域下的标准有所不同，依据学科的特点就会有不同的制定原则。一般而言，标准是用来评价一节课教学程度的依据或测量一门课程教学是否有效的工具，是人们基于对某种事物本质特征或本质属性进行广泛调查和深入研讨的基础，提取出的该门课程最本质的、最典型的特征。这种标准具有主观性、目的性、统一性等特点。高中体育课堂教学有效性标准的制定也不是依靠单方面因素，在此之前一定要遵循以下原则：

1. 综合性

体育课堂教学有效性标准的制定不是通过教师或者学生的单方面因素，而是综合考虑了教学目标、教学反馈、教学活动、教学能力和教学管理多方面因素，结合学校的基本情况，综合制定出的一个较为统一的教学有效性标准。为了学生的健康发展和体育学科核心素养的养成，必须综合考虑、谨慎制定出体育课堂教学的有效性标准。

2. 生本性

传统的课堂教学是"满堂灌输"的教学方式，这种方式很大程度上压制了学生的想象力和创造力，久而久之，就会凸显出教育的缺陷和端倪，不利于学生的长期发展和教师队伍的建设。现代的课堂教学要以学生为主体，以教师积极引导的教学方式为主，注重生本位，承认学生是每一个独立存在的个体，承认学生之间的差异性，尊重学生的独立人格，实现教师与学生共进步的美好夙愿。

3. 发展性

最初谈及体育课堂教学有效性的标准时就已经很明确地指出，任何一门课程的教学有效性标准都不可能是一成不变的，都会随着教学过程、教学内容、教学方式等原因不断改变和进步，制定体育课堂教学标准应着眼于高中生的终身学习，而不是短期内的进步和发展。

标准的建构要强调教学目标的整体性和统一性，强调不同学科知识与高中生目前已有经验、现实社会之间的有机联系；要强调关照学生的学习动机、兴趣需要、经验背景和认知方式等，避免因人为的细化学科内容将学生的经验世界分割得支离破碎；要重视学生的学习过程，注重知识过程与技能过程、情感和价值观的培养，重视学生终身体育的愿望和可持续发展能力的培养。

（三）指标体系

高中体育课堂教学有效性标准依据教学七要素理论，并结合课堂教学有效性标准，设立评价指标。该标准包括教学目标、教学活动、教学能力、教学反馈和教学管理共五个基本维度，每个维度也有自己的指标，可以各用三个层次水平进行描述。

1. 教学目标

教学目标设立的有效性要看其是否具有发展性和统筹性。教学目标的设立是站在教师和学生双方共同进步的角度，在课堂中教师积极引导，学生乐于学习，从而顺利完成教学目标。所有有效性以目的性作为评价依据和标准，科学的教学论的主要任务是研究如何根据既定教学目标完成教学任务，达到教学的有效性。体育课堂教学目标的整体确定应当根据学情和校情确立统筹、明确、适宜的教学目标。

高中阶段是学生发展的关键时期，在竞争压力日益激烈的时代，要将体育学科的作用真正充分发挥出来，因此，提升体育课堂教学有效性是十分必要的，从而也就对体育课堂教学目标有了更高的要求：第一，明确每一学期、每一节体育教学内容在所有学科中的地位，思考目标在学生日常学习过程中的作用；第二，结合体育课程教材资源，运用多样化的教法，确定贴合学生实际的目标重点的达成；第三，基于校情和学情，深入了解学生的认知特点、个体差异、学习风格和学习经验等，确定切实可行的教学目标，使预设的教学目标与学生的认知水平相符合，做到既基于学生现有的发展水平，又要高于现有的发展水平，同时保持关注学生的可持续发展。

首先，体育课堂教学目标的设定要具备整体性和发展性。整体性强调体育课堂教学不是一个单独的学科门类，要与其他学科相互作用、相互促进，以此来提升学生全面发展的能力。整体性也体现在整个教学过程的完整性上，教学目标是牵引，没有教学目标，教学活动就是无意义的活动。整体性还注重培养学生成为一个"完整"的人。发展性是指目标要有前瞻，要以一个更高的角度去审视，不是仅仅局限在眼前。

其次，体育课堂教学目标要具体，可测量。体育课堂教学目标不同于教学活动，教学活动是学生在课堂中应当学习知识技能的一个活动过程，是达成教学目标的途径，而不是教学目标的本身。教学目标不是一个模糊的概念，而是一个明确、具体、可观察、可测量的指标，这样才有助于导教、导学、导评。

预设的三个层次如下：

层次水平Ⅰ：以知识（技能）为主。

层次水平Ⅱ：基本上以学生为主体，关注高中生的认知目标、情感目标、技能目标、身体素质与综合能力。

层次水平Ⅲ：教学目标的设定以学生为本位，时刻关注高中生的认知目标、情感目标、技能目标、身体素质与综合能力，并且注重高中生情感与价值观的形成。

2. 教学活动

教学活动是师生相互配合的过程，是课堂教学环节中最重要组成之一，是教学过程中的灵魂。在体育教学活动中，教师与学生都是整个活动的参与者，教师在这一过程中占据着主导地位，教师的责任也决定了教师在教学活动中的主导和组织作用。一节体育课，需要教师进行引导和培养以保证教学活动的完整性。学生是课堂认识活动和学习活动的主体，课堂中教师与学生双向甚至是多向的交流可以激发师生的潜能，极大地调动教师教学的积极性和学生学习的积极性。课堂上良性的师生互动，能建立起一种真实存在的"对成关系"，真正地提升教学的有效性。

预设的三个层次如下：

层次水平Ⅰ：没有对教材上的体育课堂教学活动做出调整，未关注教学活动难易程度。

层次水平Ⅱ：基本上考虑到教学活动的适用度、多样化和吸引性。

层次水平Ⅲ：注重高中生在教学活动中的个体差异性，将教学活动的适用度、多样化和吸引性有机融为一体。

研究表明，学生对于体育课堂教学活动的要求较高，认为"体育课堂教学活动在各方面非常重要与重要"的人数占比很大，认为非常重要的超过半数，尤其"在教学活动的师生互动与生生互动"是吸引学生的方面。由此来看，初设的体育课堂教学活动的指标三个水平层次也应当改进，以满足高中生的需求，努力提升高中体育课堂教学活动的有效性。

3. 教学能力

教学能力仅针对教师而言，教师在课堂中选择的教学方法、体现的教学艺术、受教育学生的能力表现都是教师教学能力展现的主要方式。教师选用的教学方法是否合理、科学且实用，是提升并帮助学生科学合理学习的手段，是促进学生不断发展的保障。好的教学方法一定是能够超越学生发展步伐的方法。正确的教学方法还要搭配合理的教学手段，充分体现教学过程的情境性、生动性和互动性。

因此，师生间的配合学习，也是见证教师体育课堂教学能力的方式之一。在体育课堂教学过程中，体现体育教师教学能力的方式有很多种，教学方法的使用一定要符合高中生的认知特点和年龄特点。学生是学习的主体，体育课堂教学方法的选用要重视学生的兴趣，教师要在课堂教学中善于观察学生的特点，以具体的活动与情境为载体，将单独教授、小组比赛、伙伴助学有机结合在一起。

预设的三个层次如下：

层次水平Ⅰ：机械教授体育教材上的内容。

层次水平Ⅱ：增加教学方式的多样性，但却形散神散。

层次水平Ⅲ：根据体育课堂教学预设的学生学习的状态，灵活选用多种教学方法。

在体育课堂教学中，教师进行的课堂提问、组织课堂讨论、增加练习时间、提升教学手段、采用信息化教学手段和策划教学竞赛等措施都是有利于提升学生学习效果的方法，学生体育学习效果的提升就是对体育教师体育教学能力最大的认可。

4. 教学反馈

对于高中生来说，高效率的学习信息反馈，有利于他们对自己目前的学习过程和学习知识的掌握程度进行客观的评价。对于高中生信息反馈而言，主要注意以下三点内容：

第一，反馈信息积极、准确。积极、准确的信息反馈，有助于教师在教学前有充足的准备，预防体育课堂中可能存在的一些不好的因素；有助于教师在体育课堂教学中着重注意观察学生学习时的问题所在，提早发现学生的学习困难；有助于教师在体育课堂教学后进行认真反思和改进。教师要认真对待学生信息的反馈，善于分析学生学习过程中出现的诸多问题，对掌握较好的学习内容进行强化，对欠缺的内容加强练习，对存在错误的地方及时纠正，确保学生掌握正确的体育知识。

第二，反馈信息要全面。教师不仅要在课堂教学后进行反馈，还要在体育课堂教学中善于运用即时的信息反馈，随时关注学习过程中学生的情感态度反应和知识与技能的掌握情况。教学中，可以组织一些游戏或者比赛，以此来判断学生技能掌握的程度，对学生暴露出的问题进行深入反思。

第三，反馈方式多样。对于高中生而言，可以通过他们的眼神、交流的语气、行为举止来进行信息的反馈，可以通过自我反馈或者同伴间的反馈来体现学生在体育课堂学习中的状态。

预设的三个层次如下：

层次水平Ⅰ：很少对高中的学习进行恰当的反馈。

层次水平Ⅱ：对高中生学习的反馈比较及时、恰当。

层次水平Ⅲ：对高中生学习能够及时、多向、全面的反馈。

积极的反馈是十分重要的，多方位、多角度、多层次的教学反馈有助于提高学生体育课堂学习的有效性。在教学过程中，教师应当注意这一层面的改进，逐渐推进体育课堂教学的有效性。

5. 教学管理

教学时间管理是教学管理的重要内容。体育教师需要根据高中生的学习状态和注意力集中情况，充分合理、有效地利用教学时间，提高学生学习的有效性。一般来说，在体育课上，体育教师可以根据学生注意力时间长短适时把控课堂教学活动。例如，教师可以在学生注意力最集中的时间段进行本节课最主要、最重点内容的讲解，当课堂教学时间进行到中后期的时候，可以根据学生课堂学习的状态，组织学生进行游戏、比赛。如果体育教师用于完成低层次教学任务的时间越多，那么用于更深层次的教学引导时间就会越少，这不符合培养学生学科核心素养的原则。对于学生而言，用于接受低层次学习任务的时间越多，则用于合作探究、自主练习的时间就越少，不能从本质上提升体育课堂教学的有效性。

为了在有限的时间内追求体育课堂教学效果的最大化和最优化，必须根据不同情况合理调整和管理教学时间。教学时间的有效管理与学生学习效率的提高呈正相关。教师采用集体讲解、集体练习、集体评价的方式达到的效果肯定低于集体讲解、单独纠错、自主练习的效果。对此，合理的教学实践的分配和管理在一定程度上影响着学生学习的效果。

预设的三个层次如下：

层次水平Ⅰ：整节课以教师集体讲解为主，教师一讲到底且一问到底。

层次水平Ⅱ：基本能够根据学生的学习状态，合理安排教学时间。

层次水平Ⅲ：能够考虑学生的认知特点、兴趣需求和学习风格，根据学生的学习状态适时调整教学时间。

学生能充分感受到体育课堂教学时间是否合理分配和利用，不能接受"满堂灌输"，对教师在组织与管理十分看重，也很在意学习的氛围，都希望自己在体育课堂的学习过程中，是在一个相对健康、有益的学习环境下进行的。对此，体育教师要引起重视。

第三章

核心素养导向的
高中体育与健康教学设计

第一节　健康教育模块教学设计

2016年《"健康中国2030"规划纲要》的颁布，将发展公民健康事业提升到了国家战略高度。在推进"健康中国2030"的行动中，进一步确认了学校对于提高公民健康教育效率方面的重要作用，并将健康教育课程改革纳入国家健康战略，以学校健康教育课程为中介，培养学生终身健康素质意识，进而提升中国健康意识，真正实现健康中国的美好愿望。

新课标明确规定，健康教育课程是高中重要的必修必学课程内容之一，高中健康教育课程应确立"健康第一"的指导思想，以培养学科核心素养为导向进行健康教育课程教学的设计与研究，着眼于培养学生的健康素养，为家庭和社会环境带来健康的思想和行为，让学生成为一名全面发展的体育人。

必修必学健康教育课程内容包括：健康的基本知识与技能，合理营养和食品安全，常见传染病和非传染性疾病的预防与控制，环境、健康与体育锻炼的关系，安全运动和安全避险，常见运动损伤的预防与处理，提高心理健康水平和社会适应能力。分别涉及六个主题：生活方式与健康、营养与健康、环境与健康、心理健康与社会适应、运动安全、紧急避险。

一、学校体育实施健康教育模块的价值

（一）加快对国家政策的有效落实

《"健康中国2030"规划纲要》提出将健康教育纳入国民教育体系，把健康教育作为所有教育阶段素质教育的重要内容，并强调以中小学为重点，建立学校健康教育推进机制。《中小学健康教育指导纲要》也早已在制度层面规定了体育与健康课程的健康教育任务与体育教师的健康教育职责。然而，高中健康教学开展至今，依然存在体育教师对健康教育课程重视不够、健康教育模块开课率低、

健康教育教学随便应付等现象。《中小学健康教育指导纲要》对体育教学内容、过程、课时、评价等做出明确的规定，为强制落实健康教育模块教学明确了目标与路径，学校和教师应给予有效落实。

（二）有助于学生健康素养的提升

根据 2019 年第八次全国学生体质与健康调研显示，我国的青少年健康问题不容忽视，学生的体质与健康状况虽然总体上有所改善，但仍存在视力不良和近视率偏高、超重肥胖率上升、握力水平下降等方面的问题，且身体活动不足、睡眠时间缺乏、饮食不规律、网络成瘾等不良生活习惯仍是造成青少年体质下降、心理问题上升一系列问题的症结所在。专家研究表明，体育运动和健康教育的干预有助于改善学生的上述问题，高中施行的健康教育课程对增加学生的体育锻炼时间有显著的影响，通过健康教育课程学习也有助于全面提升学生的健康素养，增强健康意识和能力，养成健康生活的方式。

（三）充分体现体育学科的独特优势

新课标在课程性质中鲜明指出体育与健康课程是一门以身体练习为主要手段，以体育与健康知识、技能和方法为主要学习内容，以培养学生的体育学科核心素养和增进学生身心健康为主要目标的课程，不仅包含运动技能与方法，也包含运动解剖、运动生理、运动损伤与康复、体育心理学等学科基本知识，兼具基础性、理论性、实践性与综合性，能够实现"理论—实践—理论"的循环转化，促进知识内化为具体行为，并通过实践让学生真正体会到健康知识的重要性，对学生形成规律的体育锻炼习惯、养成健康生活方式具有积极的正向作用。

二、高中健康教育模块设计思想

健康教育模块教学应指向核心素养引领教学目标的原则。学校健康教育模块教学中应以"健康核心素养学习"为主题，有针对性地选择适合高中生学习内容；同时，教学内容应突显"健康教育"的特点，即健康价值，引导学生采用阅读、辨析、讨论的方式，促进健康的知识、技能和方法掌握，提高学生的学习兴趣和学习能力。

健康教育模块教学应遵循促进学生身心和谐发展的原则。教师要创设问题情境，将知识教学与实际生活中的问题相结合，指导学生开展社会调查和专题研究活动。在教育过程中，课程要充分尊重高中生的实际需求，帮助学生及家人建立健康和文明的生活方式，养成科学体育锻炼意识，提升体育素养，最终达到促进高中生身心和谐发展的目的。

健康教育模块教学还应遵循理论学习与实践教学相联系的原则。根据健康教育内容的特殊性，教学中要紧密结合学生已有的生活经验，引导学生进行独立思考和学习，将获得的知识运用于生活实践，使理论与实际间的联系更加紧密，促进健康知识的内敛化。在教授抽象性教学内容时，教师可根据实际情况设置相应的情境，让学生在实践中理解，在理解中运用，进一步提高学生的实践运用能力。

三、高中健康教育模块设计策略

高中健康教育模块教学设计，应倡导多形式的学习方式，采用恰当的教学方法，避免"填鸭式"教学与机械说教。教师应根据学生身心发展规律，引导他们在做中学、学中用，利用各种情境创设来促进他们体育核心素养的形成与发展。根据新课标要求，应在教学设计中注重核心素养的培养，结合数字化信息技术，运用"互联网+"构建健康教育数字化平台，打破时间与空间的局限，创新学生乐于接受的教学设计。

（一）采用情境化教学策略

高中健康教育模块教学要根据学生生活实际情况与教学主题，灵活选择教学策略以丰富学生的相关知识。教授实际生活中可能遇到的问题时，教师通过创设教学情境，模拟真实场景，以激发学生潜在的求知欲望，引导学生主动参与学习的过程。这种触景生情式的情境创设，可以让学生对原本枯燥的学习变得更有兴趣，也更主动，进而提高健康教育课的教学效果。

如在教授紧急避险内容时，教师模拟与真实案例相似的教学情境，以情景再现和角色扮演的方式，让学生在教师营造的紧急突发场景和氛围中解决问题，这对于提高学生实际应用能力与心理素质具有积极意义。而在教授关节扭伤、肌肉拉伤等常见运动损伤预防与急救内容时，教师同样可以根据课程内容进行情景模拟教学。这种在实践课中融入相关健康内容，让学生在教师示范后进行模仿练习或独立实践操作的方式，能达到提高学生应对突发紧急事件能力的作用。在健康教育教学中，教师还可以创设游戏情境，激发学生学习及参与的热情。

（二）构建开放的协同教育模式

传统课堂教学是健康教育模块的主要实施形式，由于教学内容没有贴近学生的生活实践，不能产生共鸣，无法引起学生的重视，难以实现提升学生健康素养水平、促进学生终身参与体育的终极目标。可尝试通过建立"学校—家庭—社区"协同实施的方式，以形成健康促进长效机制。在开展学校健康教育的同时，尝试与家庭、社区建立联系，在获取专业部门健康教育资源的同时，规划并开展具体的健康教育活动。学校也应开设面向家庭的健康教育课程，让家长了解学校健康教育课程的实施目标，在与学校达成共识的基础上提供家庭支持。

学校还应尝试开展跨学科资源融合，《体育与健康教学改革指导纲要》指出，鼓励在体育教学中开展情境式跨学科主题教育教学活动，促进综合育人目标的实现。跨学科的主题教育指的是通过挖掘其他学科课程与健康教育教学相关的学习内容来进行联合培养。

（三）丰富教学内容体系

为达到预期教学效果，高中健康教育应围绕培养学生的学科核心素养设置教学内容，体育教师在明确目标的基础上，更新教学模式，使其更具灵活性。在健康教育课堂中，既要"因材施教"，也要"因教施才"。此外，为了让健康教育真正做到灵活化，需从多个教学内容中去挖掘，并进行合理设计，让学生更好地接受，真正体现出健康教育价值。

教师在传授教学内容时，要转变以往传统的教学模式，将高中健康知识的六大方面融为一体，采取室内和室外两种教学方式，激发学生的学习兴趣，达到良好的教学效果。如"食品与健康"主题教学中，教师结合体质健康测试结果，于讲授食物的营养价值与合理的膳食结构环节，着重强调 BMI 指数超过 24 的学生如何通过调整饮食结构以达到降脂减重的目标，指导 BMI 指数在正常范围的学生如何通过选择正确的蛋白食物达到增长肌肉、塑造完美身材的目标。在讲授"生活方式与健康"内容时，采用以中西餐优缺点为主题的辩论方式，通过展现多种知识，帮助学生建构健康知识内容体系，提高学生的理解与记忆能力。

第二节　体能模块教学设计

一、体能模块教学设计的依据

（一）高中生身心发展的特点

高中生年龄一般为 16—18 岁，这一阶段学生的生理和心理都处在一个快速成熟、快速发展的时期。在身体机能方面，身高、体重以及胸围等方面已经接近成人，随着胸围、胸腔的增大，肺活量明显提升，肌肉也开始横向发展，正处于发展肌肉力量以及肌肉耐力的关键时期。神经系统也已发育完全，达到成人水平，在此时加强体育锻炼能够有效促进大脑神经系统的发展，以更好地适应高中紧张的学习生活。

随着生理特点的变化，高中生心理也逐渐成熟化，主要表现在认识发展、情感意志发展、个性差异等三个方面。随着心理的成熟，学生的自我意识日益增强，自我评价趋于完整。

因此，高中阶段学生参与体育锻炼时，要充分考虑以下三点：

第一，高中阶段学生运动能力的发展与其生理发展特点有密不可分的联系。

第二，高中生具有一定的主观能动性，教师不但要帮助学生树立正确的人生观、价值观，还要培养他们参与体育锻炼的兴趣爱好，促进良好运动习惯的养成，使每一个学生都保持积极向上的心态。

第三，根据高中阶段男女生性别差异特点，要针对性地开展教学活动，避免因性别差异造成不好的教学效果。

青春期末期、成年初期是人生最宝贵的黄金时期。学生的心理在这一时期处于较为活跃的状态，新陈代谢也非常旺盛，身体与心理都具有非常大的可塑性。体能模块教学是高中体育素质教育的有效途径，也是新时代体育教育教学改革的重大举措。高中体育课作为教育环节中重要的组成部分，起着承上启下的关键性作用，尊重学生身心发展规律，发展学生体能是十分必要的。

（二）高中生体能模块教学建议

体能教学宜采用生动有趣、形式多样的练习方式。如教学中结合音乐的手段、有伴组的练习与教学比赛、校园定向越野等方式，可避免课堂中出现简单、枯燥的体能练习，提高学生练习的兴趣与重要性。

根据运动项目的不同，可将协同发展的理念贯穿于教学中，选择将健康体能与专项体能相结合的发展方式，促进学生体能的全面与协调发展，为增进学生的健康以及发展学生的运动技能奠定良好的基础。

根据高中阶段学生的身心特点，应提高体能练习的科学性与实效性，合理安排体能练习的运动负荷，增强体能练习的效果，注重通过体能练习培养学生优良的意志品质。

教师在教学中既要关注全体学生，又要做到因材施教和区别对待。教师可通过创设各种情境以调动学生学习的积极性，特别是基础薄弱的学生，使其获得成功的体验，增强练习的自信心，不断提高他们的体能水平。

还可以指导学生进行自主合作学练，鼓励学生独立或合作制订体能锻炼计划，在练习中通过相互监督、相互评价，增强学习与评价能力水平，培养团结协作精神。

二、体能模块教学设计的内容

体能模块教学目标的制订应立足于体育与健康学科核心素养，促进学生运动能力、健康行为、体育品德的全面发展；而内容则应注重培养学生未来发展过程中具备正确的价值观、必备品格和关键能力，为今后的学习、工作、生活打下良好的体能基础。

（一）改善身体成分的理论课教学设计

1. 教学目标

（1）了解体能发展的基本原理与方法，掌握体能锻炼计划制订的程序、步骤与方法。

（2）了解改善身体成分的基本原理与方法，学会制订改善身体成分的计划，并且能够科学评价自身的体能水平，充分理解控制身体成分对生命活动和身体健康的重要作用。

（3）培养学生的自我健康意识，加强学生积极自主体育锻炼的参与度。

（4）培养学生独立自主、团结合作、积极进取、追求健康的意志品质。

2. 教学内容

（1）改善身体成分的理论课先通过 PPT 演示展开教学，讲解相关概念原理，了解体能、身体成分，掌握身体成分的计算方法以及评价原理。

（2）以视频动画的方式讲解改善身体成分的方法，包括合理膳食平衡和加强体育锻炼两个方面。

（3）讲解结束后组织小组合作，制订一份简单的改善身体成分的锻炼计划，并开展小组间互评。

（4）评选出各小组较好的锻炼方法，选出适合室内进行热身的小练习，让学生更进一步了解体能锻炼。

3. 教学策略

（1）室内课程使用 PPT 展示，讲解基本概念原理，引导学生了解控制体重、改善身体成分的重要性。

（2）小组合作，制订改善身体成分的锻炼计划，小组间互评，之后由教师进行补充或者纠正。

（3）布置课后作业，以小组形式实施锻炼计划并且相互监督，学习改进。

4. 教学重点

（1）积极引导学生掌握新的概念，明确学习目标。

（2）积极引导学生提升对接下来的体能锻炼的兴趣，激励其挑战自我的精神品质。

（二）发展心肺耐力的实践课教学设计

1. 教学目标

（1）了解发展心肺耐力对于增强个人身体素质的重要性以及发展心肺耐力的基本原理和练习方法，掌握并且能够灵活运用多种练习方法进行锻炼，增强个人心肺功能，为学生体能素质的提高奠定一定基础。

（2）加强学生体育锻炼意识，提升自我健康体质水平，在体育锻炼过程中保持积极乐观的心态，以良好的情绪状态参与锻炼。

（3）培养学生挑战自我、超越极限、坚强勇敢的意志品质。

2. 教学内容

（1）选择不同的方法组合交叉练习，学会根据不同的锻炼方式调整呼吸节奏。

（2）发展心肺耐力的具体内容如下：

①快速走 300 米+慢走 100 米+休息 2 分钟（同时讲解下一个练习任务）。

②慢跑 400 米+大步快走 200 米+休息 2 分钟（同时讲解下一个练习任务）。

③5 分钟运球跑（100 米篮球+100 米足球+100 米篮球+100 米足球）+休息 2 分钟（同时讲解下一个练习任务）。

④2 分钟中速跳绳+400 米追逐跑+休息 1 分钟（同时讲解游戏规则与方法）。

⑤体能赛——"九宫格连线"接力赛。将学生等分成两组，通过接力占点，

先将九宫格三点连成线的队伍获胜。游戏过程中培养学生遵守规则、积极动脑、坚持不懈的精神品质，加强学生的挑战意识。

（3）布置课后作业，根据自身体能水平并运用课堂所学习的练习方法，制订心肺耐力发展锻炼计划。

3. 教学策略

（1）讲解并示范心肺练习中的多种呼吸方式。

（2）讲解并运用持续训练、间歇训练以及综合训练的方法，将练习内容加以结构化组合，避免枯燥，激发学生的练习兴趣以及对体能锻炼的兴趣。

（3）教师注意观察学生脸色状态，练习负荷循序渐进、量力而为，避免造成运动损伤。

4. 教学重点

（1）练习过程中强调呼吸节奏的配合。

（2）鼓励培养学生坚持不懈、挑战自我的精神品质。

（三）发展躯干柔韧性的实践课教学设计

1. 教学目标

（1）了解发展柔韧性的基本原理及其对于增强个人身体素质水平的重要性，掌握并且能够灵活运用多种练习方法进行锻炼，提高上肢、下肢、肩部、腰腹和躯干的柔韧性。

（2）加强学生体育锻炼意识，培养锻炼习惯，在体育锻炼过程中保持积极乐观的心态，学会科学锻炼。

（3）练习中挑战自我，培养积极向上的意志品质。

2. 教学内容

（1）选择不同的练习动作组合交叉练习，能够结合前一节课的学习，发展柔韧性的同时发展心肺耐力。

（2）发展柔韧性的具体内容如下：

①肩部柔韧+原地摆臂练习+休息30秒。

②上肢柔韧+3 分钟中速跳绳+休息 1 分钟。

③下肢柔韧+10 米单脚跳往返 2 组+休息 30 秒。

④躯干柔韧。

⑤体能赛——"手脚并用"。将学生分成两组，地上贴有"手型""脚型"图案的贴纸，同学们"手脚并用"地通过贴纸区域，用时最短的一组获胜。游戏过程中培养学生遵守规则、坚持不懈、迎难而上的精神品质，加强学生的竞争意识。

（3）布置课后作业，根据自身体能水平制订柔韧性发展锻炼计划。

3. 教学策略

（1）讲解并示范柔韧练习中多种动作的方式和要求。

（2）运用间歇训练法，将不同练习方法进行组合，学生分小组进行练习，教师加以指导。

（3）由于柔韧素质的特殊性，教师要特别关注学生练习过程中的状况，适时进行指导与鼓励。

（4）练习强度应循序渐进，注意安全，避免造成运动损伤。

4. 教学重点

（1）掌握动作技术要领，减少错误动作的出现，避免运动损伤。

（2）培养学生超越极限，挑战自我的意志品质。

（四）发展力量和耐力的实践课教学设计

1. 教学目标

（1）认识肌肉力量和肌肉耐力练习的重要性，掌握发展肌肉力量和肌肉耐力的基本原理与多种练习方法。

（2）学生通过练习增强肌肉力量与肌肉耐力水平，为发展体能素质奠定良好的基础。

（3）培养学生团结合作、坚持不懈、吃苦耐劳的精神品质。

2. 教学内容

（1）发展肌肉力量与肌肉耐力组合练习，同时结合前面所学知识，灵活练习，增强趣味性。

（2）发展肌肉力量和肌肉耐力的具体内容如下：

①跪姿俯卧撑+30米冲刺跑+游戏"蜈蚣走"+休息5分钟。

②篮球长传球+单脚跳20米（左右脚各10米）+"3对3"篮球赛+休息5分钟。

③体能赛——"推运球接力赛"。利用足球进行推动球接力，比赛过程中培养学生遵守规则、坚持不懈、团结合作的精神品质，提高学生的竞争意识。

（3）布置课后作业，根据自身体能水平制订肌肉力量和耐力发展锻炼计划。

3. 教学策略

（1）发展力量和耐力的实践课主要通过游戏贯穿课堂内容，整节课都在游戏情境中达到练习效果，过程中要不断强调遵守规则，安全第一。

（2）增强课堂趣味性，激励学生主动思考，想一想在游戏中可以发展哪些体能素质，引导学生对体能素质练习有更进一步的理解。

（3）布置课后作业，运用课堂所学练习方法，创设相关游戏。

4. 教学重点

（1）考虑男女性别差异，在练习过程中应注意负荷量的大小。

（2）激励学生勇于克服困难、迎难而上、互相团结的精神品质。

（五）发展灵敏性的实践课教学设计

1. 教学目标

（1）认识发展灵敏性的重要性，掌握发展灵敏性的基本原理和多种练习方法。

（2）通过练习增强身体灵活性，发展适应各种环境和灵活应变的能力。

（3）培养学生遵守规则、团结合作、乐于助人的精神品质。

2. 教学内容

（1）结合球类以及多种绳梯的练习。

（2）发展灵敏性具体内容如下：

①绳梯练习+S 形运球+十字象限跳+休息 5 分钟。

②体能赛——"5 对 5"足球赛。比赛过程中培养学生遵守规则、团结合作的精神品质，提高灵活应变的能力。

（3）布置课后作业，根据自身体能水平制订灵敏性发展锻炼计划。

3. 教学策略

（1）讲解示范练习方法和具体要求，将三种类型的练习方法分别进行组合。

（2）学生分组练习，提高练习效果，培养学生灵活应变的能力。

（3）练习过程前强调安全第一，避免摔跤。

4. 教学重点

（1）练习中做到注意力集中，并能在放松的状态下完成所有动作。

（2）引导学生合理分配体力，培养团结合作、努力拼搏的精神品质。

（六）发展平衡性的实践课教学设计

1. 教学目标

（1）了解发展平衡性的重要性，掌握发展平衡性的基本原理和多种练习方法。

（2）增强平衡能力，改善身体姿态，提高对身体的控制能力，降低受伤概率。

（3）培养自尊自信、团结互助的精神品质，并能够在今后的学习生活中积极应对挫折与困难。

2. 教学内容

（1）发展平衡性的练习按照仰卧位平衡练习、单脚平衡练习及双脚平衡练习为主的不同练习方法，结合平衡专项练习的游戏展开教学。

（2）发展平衡性具体内容如下：

①仰卧位平衡练习+100 米快跑（3 组）+休息 1 分钟。

②单脚象限跳+双脚提踵下蹲+400 米变速跑+休息 1 分钟。

③绳梯练习（单双脚）+游戏"跳格子"+燕式平衡放松。

（3）布置课后作业，根据自身体能水平制订平衡性发展锻炼计划。

3. 教学策略

（1）讲解示范练习方法和具体要求，将仰卧位练习，单双脚练习以及绳梯练习进行整合，最后通过游戏体验单双脚平衡能力的应用，引导学生了解平衡能力练习的重要性。

（2）学生分组练习，提高练习效果，培养学生互帮互助的能力。

（3）练习过程前强调安全第一，避免造成运动损伤。

4. 教学重点

（1）要求学生在练习中集中注意力，掌握动作要领，积极动脑。

（2）鼓励学生积极参与练习，培养团结合作、努力拼搏的精神品质。

（七）发展协调性的实践课教学设计

1. 教学目标

（1）了解发展协调性的重要性，掌握发展协调性的基本原理和多种方法。

（2）增强身体协调性，提高身体对外界环境的适应能力。

（3）培养学生坚韧不拔、团结互助的精神品质。

2. 教学内容

（1）发展协调性的练习以仰卧位平衡练习、单脚平衡练习及双脚平衡练习等不同练习方法为主，结合平衡专项练习的游戏展开教学。

（2）协调性练习具体内容如下：

①上肢协调性练习+跳绳（双脚跳）200次+闭眼单足站立。

②下肢协调性练习+踢毽子+休息2分钟。

③游戏"蚂蚁搬家"+拉伸放松。

（3）布置课后作业，根据自身体能水平制订协调性发展锻炼计划。

3. 教学策略

（1）讲解示范练习方法和具体要求，将上下肢不同的练习方法进行组合，为避免练习枯燥，加上跳绳和踢毽子的配合，提升练习趣味性。

（2）学生分组练习，提高练习效果，引导学生积极思考，提出更多练习协调能力的方法。

（3）练习过程前强调安全第一，避免摔跤或撞伤。

4. 教学重点

（1）要求学生掌握练习动作要领，把动作做正确，积极参与练习。

（2）鼓励学生团结合作，培养学生努力拼搏的精神品质。

（八）发展爆发力的实践课教学设计

1. 教学目标

（1）了解发展爆发力的重要性，掌握发展爆发力的基本原理和多种练习方法。

（2）增强爆发力，提高安全运动意识，如平时的体育活动，为起跑、起跳、投掷、扣球等动作的完成奠定力量基础。

（3）培养学生顽强拼搏、团结合作的精神品质。

2. 教学内容

（1）发展爆发力的学习主要通过趣味性的练习展开教学，配合力量与肌肉耐力的发展，增强课堂趣味性。

（2）爆发力练习具体教学内容如下：

①双脚间接跳步+俯卧撑+休息 1 分钟（同时讲解下一个游戏内容方法）。

②"推箱子"游戏+双脚立定跳远+休息 2 分钟（同时讲解下一个游戏内容方法）。

③前倒启动+30 米冲刺跑（3 组）+放松。

（3）布置课后作业，根据本节课的游戏环节，思考关于爆发力练习和其他身体素质练习相结合的练习方法，创编一个练习内容。

3. 教学策略

（1）讲解示范练习方法和具体要求，将发展爆发力的练习方法游戏情景化，避免练习枯燥，同时引导学生拓展思考，将其他素质练习的方法也搭配游戏情境。

（2）加入肌肉力量与耐力素质练习，全面发展学生体能素质。

（3）练习过程前强调安全第一，避免撞伤。

4. 教学重点

（1）要求学生遵守游戏规则，避免发生冲突，在游戏中学会互帮互助，团结合作。

（2）引导学生培养善于思考、积极向上的学习态度。

（九）发展速度的实践课教学设计

1. 教学目标

（1）了解发展速度素质的重要性，掌握发展速度素质的基本原理和多种练习方法。

（2）在练习过程中增强速度素质，提高腿部力量，加快跑步速度。

（3）培养学生超越自我、努力拼搏的意志品质。

2. 教学内容

（1）发展速度的练习以跑步为主，以多种速度、多种方式的跑步练习相结合，增强速度素质。

（2）速度练习具体教学内容如下：

①原地摆臂+原地高抬腿+原地纵跳。

②围场地变向跑+蛇形跑+车轮跑。

③体能小游戏"模仿跑"+放松。

（3）布置课后作业，将课堂所学的速度素质练习方法以游戏情境化的方式创编一个练习内容。

3. 教学策略

（1）讲解示范练习方法和具体要求，速度素质练习主要以多种类型的跑步展开教学。

（2）练习过程中引导激发学生参与活动的积极性，跑步运动是无时间场地限制的，教会学生多种跑步方式，在课后可以自主进行跑步运动，培养学生的体育运动兴趣。

4. 教学重点

（1）练习过程前强调安全第一，激发学生超越自我、努力拼搏的精神品质。

（2）在跑步练习中学会运用正确的呼吸方式，激励学生克服困难，坚持不懈。

（3）注重关注学生练习过程中的面部状态，负荷量循序渐进。

（十）发展快速反应的实践课教学设计

1. 教学目标

（1）了解发展快速反应的重要性，掌握发展快速反应的基本原理和多种练习方法。

（2）在练习过程中提高反应能力，引导学生积极参与课外体育活动。

（3）培养学生超越自我、自觉自律的精神品质。

2. 教学内容

（1）发展反应时的实践课教学以游戏情境为主，将快速反应练习结合灵敏性练习的方法，发展学生身体灵活性，提高学生应急、应变能力，同时培养学生合作与竞争的意识，激发奋发向上、积极进取的体育精神。

（2）快速反应具体教学内容如下：

①拍手背+坐标移动+休息 2 分钟。

②反口令动作+模仿跑+休息 1 分钟。

③篮球"3 对 3"比赛。

（3）布置课后作业，将课堂所学游戏方式进行拓展，丰富课外体育活动。

3. 教学策略

（1）讲解示范练习方法和具体要求，反应素质练习主要以情境游戏展开教学。

（2）练习过程中采用游戏练习法以引导激发学生参与活动的积极性，使充满趣味性的课堂练习达到最佳效果。练习设计要着重培养学生的体育运动兴趣，提高学生反应能力以及对外界环境的适应能力。

（3）练习过程强调安全第一，激发学生团结合作、积极拼搏的精神品质。

4. 教学重点

（1）综合发展灵敏反应能力以及快速移动能力。

（2）学生面对情境变化能够快速做出反应，培养对外界环境的适应能力。

第三节　田径类运动教学设计

田径运动作为最为古老的运动种类，经过长期发展，其各项技术动作都得到不断发展与改进。由于田径所涉及的各种跑、跳、投、走等技能是所有体育运动的基础，所以，参加田径运动对促进学生体能发展和意志品质培养具有不可替代的作用。新课标将田径设为必修选学内容之一。人教版普通高中教科书《体育与健康》中，田径类运动单辟一章，包括跑（短跑、中长跑、跨栏跑），跳（挺身式跳远、背越式跳高）和投掷（背向滑步推铅球）等内容。

一、田径类运动的内涵

（一）田径类教材的特点

1. 简便易练

田径运动中走、跑、跳、投等基本的活动方式是从人类生产和生活中发展演变过来的基本运动技能，且田径运动对场地、器材、环境的要求不高，简便易练，适应范围广，锻炼价值高，所以田径课程是学校体育教学的重要内容之一。

2. 可参与性强

田径运动项目众多，不同年龄阶段、不同性别以及不同身体状况的人都能找到合适自己的项目。田径运动有个人项目、集体项目，活动时的强度与负荷量都可以根据自己的实际状况进行自我调控，不易发生伤害事故。

3. 激烈的竞争性

更高、更快、更强是田径运动追求的目标，激烈的比赛场景和运动员的拼搏状态具有很高的观赏性，胜利拼的不仅仅是体能与技术，更是心理。奥运会上的百米飞人大战，不断挑战自我的跳高比赛，都给予观众强烈的心理体验。参加田径运动，能磨炼人的意志，获得良好的心理品质。

（二）田径类教材的价值

经常参加跑步运动，可以增强心血管、呼吸系统和其他器官的工作能力，有助于提高中枢神经系统的调节能力，使兴奋和抑制的转换更加灵活，有效发展速度、耐力、力量等身体素质，提高心肺功能以及无氧代谢和有氧代谢的水平。跳跃是人体在短时间内高强度神经活动和肌肉克服障碍的运动，能提高身体的控制和集中用力能力，是发展弹跳力、力量、协调性的有效手段。投掷项目可以发展上肢、肩带、躯干和腿部的力量，改善人体的身体灵活性和协调性。所以田径运动是从事其他体育运动所必须具备的基础能力，对其他运动项目的学习有基础性和迁移作用，被称为"体育运动之母"。

田径运动是在一定条件限制下发挥出人体的最大能力，要有克服一切困难、实现目标的勇气，能培养人勇敢顽强、拼搏进取的意志品质。田径运动具有明确的规则，能培养人的规则意识。田径比赛中，受心理和外部环境的影响较大，要有良好的自我情绪调节和抗干扰能力。

田径运动以个人项目为主，单一动作较多，内容相对枯燥，长期参加能培养学生吃苦耐劳、坚持不懈的精神。

二、田径教学的设计与实施策略

田径类运动教材进行"游戏化"的处理，是对田径项目封闭式技能学习创新的有效手段，是依据课程教学目标，将体育教学内容去竞技化后融入趣味性强、便于操作的体育游戏或比赛，让学生在愉快的课堂氛围中学习体育知识与技能，培育学科核心素养。将田径技术动作的教学与各种有趣的体育游戏或比赛结合，增强了学生参加练习时主观上的内在动机，激起了学生学习的热情，提高了学生学习田径的主动性。

游戏化教学为学生提供了一种开放式、沉浸式的深度体验，在课堂学习过程中，更加强调各项活动中师生互动与生生互动的要求，对于改善学生手脑结合能力以及培养良好世界观具有积极意义。

（一）教学中突出田径运动的项目特征

项目特征是一项运动区别于其他运动的标志，是该项运动本质属性的表现。田径运动具有运动技能的封闭性、成绩测量的客观性、技能运用的生活性等特征，这些特征对田径运动教学有一定影响，教师在设计与实施田径运动教学时需要特别关注。新课标提出，在进行封闭运动技能项目教学时，应注意单个动作与完整运动的有机联系，不必过分追求单一动作或技术完美后才进行完整动作的练习，可以让学生在基本掌握技术环节后立即进行完整动作的练习。

因此，在田径技能的教学中，要求注重技能的稳定性和连贯性，及早进行完整技术的练习，帮助学生体验和理解完整动作，使学生在完整动作练习和参加测验与比赛的基础上，不断增强体能和提高运动成绩。

（二）加强田径技术学习与体能发展的有机结合

将田径技术学习与体能发展有机结合起来，既可以拓展必修必学体能模块的学练方法，又能更好地发挥田径运动增强体能的作用。如发展快速奔跑能力的无器械专门性练习小步跑、后蹬跑、高抬腿、车轮跑、跨步跳等，既可以发展腿部肌肉的力量和爆发力，又可以发展步频和步长，提高短跑的速度。

教师在教学中应结合学生的生活实际，关注肌肉力量、肌肉耐力以及心肺耐力的发展训练方法，如居家力量锻炼的原则与方法、中长跑练习后的调整与恢复方法、运动心率的监测方法，合理安排运动负荷，科学进行体育锻炼。

表 3-1　小栏架与绳梯练习设计

序号	小栏架练习内容	绳梯练习内容
1	双脚向前连续跳跃	快速跑：一脚一格、两脚一格
2	单脚向前连续跳跃	高抬腿跑：一脚一格
3	双脚侧向连续跳跃	单脚跳：左右脚各跳一次
4	交换腿侧向连续跳跃	跳飞机：单单双
5	高抬腿向前连续跨越	双脚跳跃练习：前前后跳
6	高抬腿侧向交替连续跨越	双脚左右跳跃
7	双脚左右连续跳跃	开合跳
8	单脚左右连续跳跃	正面两进两出跑
9	双脚前后连续跳跃	侧面两进两出跑
10	小栏架侧跨步	
11	四栏架前后左右的连续跳跃	
12	转身180°跳跃	

小栏架的练习形式：双脚起跳双脚落、单脚跳、交换腿跳。

小栏架的动作方向：直线、侧向、转体。

小栏架的动作方式：从简单动作到复杂动作，从单一动作到多样动作，从单方向到多维度多方向，从稳定状态到不稳定状态，从平地跳跃到借助器械。

小栏架的练习方法：正向、侧向、变向跳跃和跑动。

（三）引入趣味田径运动，提高参与积极性

随着面向全体学生，促进每一个孩子发展的理念逐步深入，国际田径联合会推出的趣味田径运动对高中田径教学具有启发性意义。趣味田径运动在器材、方法、规则等方面改革创新，使原本枯燥的田径运动充满了趣味性，增强了吸引力。

体育教师在田径教学中，应当锐意改革、合理创新，尽量设计整洁美观的练习场地，使用色彩鲜艳、样式新颖的练习器材，创新和变换练习的方法与形式，设计组织富有趣味的田径比赛，合理改变比赛的规则要求等，以有效激发学生的练习兴趣，激励学生积极投入田径项目的学习。

（四）注重学科核心素养培养

根据田径运动项目特点，结合具体学练内容，有针对性、有重点地实施教育和培养活动，促进学生体育学科核心素养的形成与发展。

在运动能力方面，教师设计 30—50 米不等的短跑比赛、短距离跨栏比赛、定时跑或让距跑比赛、不限姿势和器材的掷远或掷准比赛、不同方式的跳远及跳高比赛等，把学练田径运动技能与发展体能有机融为一体，不断提高学生对田径运动的认知水平、技能运用和迁移能力。在健康行为方面，教师应注重鼓励和引导学生采用快走、跑步、跳跃、力量练习等方法坚持日常锻炼，养成良好的体育锻炼习惯。利用手机、电子手环等智能设备建立智跑圈、微信圈，随时了解学生锻炼的内容、时间、强度，进行有效的锻炼指导，促进学生良好运动习惯的养成与健康意识、行为的形成。由于田径比赛竞争比较激烈，通过创设游戏和比赛形式，学生在比赛环境中和规则约束下，培养顽强拼搏、积极进取的意志品质，于遵守规则中明白什么是责任担当，于潜移默化中逐步形成顽强拼搏、勇于进取、公平竞争的体育品德。

下面以高一年级跨越式跳高为例展示田径选项教学课的设计。

高一年级跨越式跳高课的设计

一、指导思想

坚持以"健康第一"为指导思想，依据新课标精神，构建"以学生为主体"的教学模式，注重激发学生学习兴趣，采用富有吸引力的教学手段，关注个体差异与不同需求，确保每位学生受益。通过本课跨越式跳高技术的学习，不同水平的学生都能学到跨越式跳高的知识和技能，提高运动能力，形成健康行为，养成良好的体育品德，达成体育核心素养。

二、教材分析

《跨越式跳高》是人教版《体育与健康》里规定的教学内容之一，是体能的基本技术之一。通过对跨越式跳高技术的学习，能够较好地发展学生的速度、灵敏度等身体素质，提高运动技能，为以后学习背越式跳高技术奠定良好的基础。本单元计划安排4次课，本次课为第1课时。这是本学期高度类项目学习的重点，应让学生加深跨越式跳高的动作概念。

教学重点：起跳后的过杆动作。

教学难点：助跑与起跳的衔接。

三、学情分析

本课教学对象是高一学生，他们正处于运动技术的形成期，善于学习和思考，但是对技术的学习和运用能力不稳定，很容易反复出现错误动作，所以应该多做些强化练习。他们初中阶段有接触过体能运动，但是对于跨越式跳高技术概念模糊，70%—80%的学生对跨越式跳高动作不清楚，经常抬不起腿，助跑位置不正确，跳跃时重心过高，重心不稳定，存在蹬胯、摆臂慢等问题。教师要抓住学生喜欢跳跃这一有利因素，充分发挥学生学习的主体性，落实学生学习的主体地位，通过多样化的教学手段，引起学生的好奇心，不断激发学生学习的兴趣，调动他们主动练习的积极性，在练习中感受跨越式跳高的乐趣，进而灵活运用到日常生活中。本节课学习跨越式跳高技术，并通过多次练习加以巩固。

四、教学目标

根据教材特点和学生学习能力及身心特点制定以下四个目标。

（一）认知目标

学生明确跨越式跳高的动作要领，了解跨越式跳高在生活中的应用。

（二）技能目标

80%的学生能够在教师的指导下完成跨越式跳高的基本动作技术，20%的学生能够独立完成跨越式跳高并进行更高高度的尝试。

（三）体能目标

学生的灵敏和协调能力得到有效发展。

（四）情感目标

学生在小组学练的过程中有相互协作、相互鼓励的表现。

五、任务分析

本课的教学任务是力争80%的学生能够在教师的指导下完成跨越式跳高的基本动作技术，20%的学生能够独立完成跨越式跳高并进行更高高度的尝试。因此，教师要挥发好教学主导作用，设置教学情境，采用讲解示范、巧用循序渐进等教学方法，分层教学、因材施教。而学生要发挥主体作用，运用小组学练，并在这个过程中相互协作、相互鼓励，掌握跨越式跳高动作方法和技能，最终完成本课的学习任务。

六、环境分析

本课的授课地点是田径场，容易受到多个班级同时上课的影响，因此，教师要合理布置场地器材，充分利用场地，合理安排，尽量避开其他班级，减少班级教学间相互影响，提高课堂教学的有效率。

日照也会影响学生的学习效果。教师在教学中对场地布置和队形队列的设置安排应注意背光，同时减少队伍调动的时间，以免影响学生的教学观察和练习，提高学生的学习有效性。

七、教学流程设计与意图

（一）开始部分（约10分钟）

1. 课堂常规

设计意图：加强常规教育，养成好的课堂习惯。

2. 课堂导入

师生互动，教师提问："想要跳跃一个障碍物有几种方式？跳高的过杆动作有哪些？"

设计意图：通过师生互动，提高学生学习的热情和积极性，引入本节课教学内容。

3. 热身

教师带领完成热身。

(1) 热身跑

(2) 徒手操

设计意图：通过热身活动学生身心，预防运动损伤，为接下来的课堂教学做好身体上的准备。

（二）学习提高部分（约30分钟）

1. 教师讲解与示范

设计意图：让学生进一步建立动作表象。

2. 原地起跳练习

设计意图：通过原地起跳练习，学生体会跨越式跳高过杆时的动作要领，进一步建立动作表象。

3. 一至三步的行进起跳练习

设计意图：教师通过行进的起跳练习，让学生体会从助跑到起跳的跨越式跳高动作，提高动作的规范性。

4. 分层次练习

设计意图：通过对不同水平学生进行分组，提高学生练习的针对性，达到本次课的学习效果。

5. 展示与评价

设计意图：为学生提供展示自己才能、水平和个性的机会，提高学习的展现能力和审美情趣。

6. 体适能教学

设计意图：发展学生协调能力、力量，服务教材，衔接下节课内容。

（三）整理恢复部分（约5分钟）

1. 据教师口令师生共舞，放松身心

2. 教师总结

3. 布置作业及收拾器材

设计意图：学生跟随教师做放松练习，既达到放松目的，又发展了形体美。通过布置课后作业，学生进一步学习跨越式跳高的动作技术。

八、教学策略

（一）教法

1. 讲解示范法

通过引导学生思考，教师示范动作并讲解，学生建立正确的动作表象。

2. 循序渐进法

通过原地再到助跑的练习形式，相互合作、实践应用等练习，学生由浅入深地体会技术要领，进而掌握动作技能。

3. 动作纠错法

通过集体纠错，纠正学生们易犯错误动作；通过个别纠错，改正个别学生存在的问题，提高学生动作的规范性。

（二）学法

1. 体验练习法

学生积极思考教师提出的问题，带着问题进行体验练习，寻求答案。

2. 合作探究法

通过小组学练，引导学生相互学习、纠错，增进同伴之间的交流，培养学生合作意识。

3. 展示评价法

让学生展示表演，教师引导学生进行观摩、分析、评价，进而有针对地改进动作练习，提高审美情趣。

九、教学效果预计

预计学生通过本课学习，80%的人能够在教师的指导下完成跨越式跳高的基本动作技术，20%的人能够独立完成跨越式跳高并进行更高高度的尝试。

预计本课学生运动强度为中等，最高心率150次/分，平均心率120次/分左右，练习密度30%—40%。

十、教学中可能出现的问题及解决预设方法

问题一：学生水平参差不齐。

解决办法：教学中应区别对待，因材施教。

问题二：助跑时的跑进线路不对。

解决办法：教师发现该情况时要强调跑进位置和角度，让学生及时调整。

问题三：起跳点位置不确定，跳跃时上下肢摆动不协调。

解决办法：多做1—3步助跑起跳练习，寻找跳跃时的本体感受。

十一、场地及器材

课前准备：田径场、跳高架3副、橡皮筋3条、跳高大垫子1片。

分组练习结束时，布置体能练习场地。

课程结束后安排学生回收器材。

第四节　球类运动教学设计

一、篮球运动教学设计

篮球运动是以投篮为中心，以进球得分多少决定胜负而进行的攻守交替与集体对抗的球类运动项目。经常参与篮球活动，可以使身体得到全面的锻炼。篮球活动具有很强的趣味性和竞技性，在校园中普及面广，深受学生的喜爱。

篮球运动能够充实学生的课余时间，帮助学生释放学习压力，强健学生的身体。此外，篮球运动还有利于学生的体育品德教育。当学生投入篮球运动中时，必须和队友相互配合，一起顽强拼搏，才能最终获得比赛的胜利。

校园基础设施的不断完善促进了篮球运动的发展，教师在教学中融入篮球的文化、训练和技能，能够很好地提高学生学习的积极性，培养学生的竞争意识和合作意识，同时让学生具备顽强拼搏的精神，对实现学生的全面发展和营造良好的校园运动环境都非常有利。因此，篮球教学受到了不少学校的重视。

在篮球教学中，教师除了要将篮球技战术传授给学生，还要让学生懂得篮球运动拼搏进取、团结一致的精神，同时让学生树立正确的胜负观念，从技能和品德两方面学习篮球。

表 3-2　篮球教学内容与安排建议

项目	教学内容	安排建议
篮球	移动、反弹传球、单手肩上传球、体前变向换手运球、原地单手肩上投篮、传切配合、掩护配合、穿过配合、关门配合、半场3对3对抗赛，结合所学技战术介绍有关竞赛规则	2个模块
	同侧步持球突破、交叉步持球突破、行进间单手低手投篮、快攻与防守快攻、半场人盯人防守与进攻半场人盯人防守、半场5对5对抗赛，结合所学技战术介绍有关竞赛规则	2个模块
	跳起单手肩上投篮、配合及对抗中的投篮、区域联防与进攻区域联防、全场5对5对抗赛，结合所学技战术介绍有关竞赛规则	2个模块

（一）篮球运动教学目标设计

运动能力学习指的是通过适当的方式完成运动中的动作。例如在设计篮球运动教学内容的过程中，选择篮球运动中的行进间低手上篮、原地单手肩上投篮、传切战术以及掩护战术等内容，教师在制定教学目标时要以提高学生的运动意识和技术为中心，帮助学生掌握新的知识和技能。教师除了要将技术动作和战术教授给学生，还要不断提高学生的合作意识、自主参与意识、战术意识、竞争意识以及分享运动乐趣的意识，让学生获得全面的发展。

应根据体育核心素养的运动能力、健康行为和体育品德三个维度来设计本研究的篮球技能教学目标。

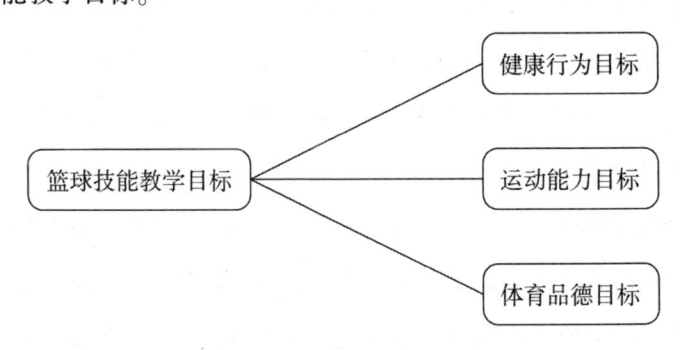

图 3-1　篮球技能教学目标

1. 健康行为目标

健康行为目标旨在让学生明确体能在运动中的重要性，增强学生自主探究的意识，让学生能够通过体育锻炼强身健体、愉悦身心，形成良好的健康意识，同时找到自己喜欢的体育运动，丰富自己的闲暇时间。

2. 运动能力目标

运动能力目标旨在让学生对篮球比赛有进一步的认识，能够从篮球比赛中获得相应的体会和感悟。同时让学生具备更高的篮球技战术水平，培养学生的竞争意识、合作意识、参与意识、团队意识以及战术意识，让学生充分享受比赛带来的快乐。

3. 体育品德目标

体育品德目标旨在让学生在篮球学习和篮球比赛中学会尊重队友、对手，遵守规则，学会团结协作，学会公平竞争，树立正确的胜负观念，充分享受比赛带来的快乐。

（二）篮球运动教学过程的组织实施

在篮球教学比赛过程中，教师引领学生巩固和提高技战术水平的同时，要注重运动能力、健康行为和体育品德三方面素质的培养。

1. 准备部分

篮球运动教学准备中包含两部分内容，即课堂常规和热身活动。

教师在做完课堂常规之后就可以进行热身活动。热身活动可以是趣味性强的团队游戏，让学生通过游戏不断提高自身的竞争意识、比赛意识以及合作意识。

教师要让学生在课堂学习中打起十二分精神，遵守游戏的规则，尊重队友和对手，积极听从指挥。

篮球运动教学准备阶段的意义在于：第一，激发学生学习的兴趣和积极性，让他们全身心地投入到课堂教学中来；第二，在篮球教学中融入核心素养，除了可以让学生获得运动能力的提升，还可以让学生养成积极锻炼的好习惯，理解体育的锻炼价值，学会从运动中获得乐趣。

2. 基本部分

篮球运动教学的内容主要有体能和技战术学习，行进间低手上篮、原地单手肩上投篮、传切战术以及掩护战术等都是要学习的技战术。

篮球运动教学包括以下几个教学活动：

（1）讲解和示范篮球比赛规则和裁判法。目的在于让学生获得更好的比赛能力，同时激发他们参与比赛的动机。

（2）让学生学会在比赛中审时度势，灵活地选择不同的技战术，同时对自己和队友充满信心。

（3）让学生学会合理地使用体能和技战术，用积极、饱满的精神参加比赛，不断提高自身的合作意识和竞争意识，有正确的胜负观念。尊重队友和对手，遵守比赛规则，积极听从指挥。

篮球运动教学上课阶段的意义在于：第一，让学生从技战术的讲解和示范中激发出学习的兴趣和积极性，进而全身心地投入课堂教学中去；第二，在篮球教学中融入核心素养，除了可以让学生掌握篮球的技战术，还能提高学生的运动能力和自信心；第三，让学生树立正确的胜负观念，在比赛中积极听从指挥，学会尊重队友和对手，不断提升自身的合作意识和竞争意识。

3. 结束部分

篮球运动教学结束阶段的教学活动包括放松活动和课堂小结。

放松活动中，教师可以给学生放舒缓的音乐，让学生跟着音乐放松身心，也可以让学生相互按摩以减轻疲劳。

课堂小结中，总结重点和难点，点评学生的课堂表现，让学生学会尊重队友、对手，遵守规则，学会团结协作，学会公平竞争，树立正确的胜负观念，不断提高自身的竞争意识和合作意识，充分享受比赛带来的乐趣。

篮球运动教学结束阶段的设计意图包括：

（1）带领学生放松身心、减轻疲劳，同时在篮球教学比赛中融入核心素养，让学生有清晰的自我认知，获得更好的运动能力，学会尊重队友、对手遵守规则，学会团结协作，学会公平竞争，树立正确的胜负观念，不断提高自身的竞争意识和合作意识，充分享受比赛带来的乐趣，将体育品德更好地融入运动能力和健康行为中。

（2）通过教学比赛提高学生技战术和体能水平。这不仅能够让学生树立正确的胜负观念，学会团结协作和公平竞争，给予对手和队友足够的尊重，不断培养自身的竞争意识和合作意识，还能让学生养成良好的体育锻炼习惯，让他们的课余时间变得丰富多彩。

（三）篮球运动教学设计的优化策略

高中学校要从本校的实际出发开展篮球运动教学活动，要在教学过程中多使用体育核心素养教学方法，除了要让高中生学会篮球技战术，养成积极锻炼的好习惯，还要让他们具备更好的体育品德，促进学生的全面发展。

在实际教学中，要根据本校的实际情况和教学条件灵活地使用体育核心素养教学方法，切忌随意使用。

体育核心素养教学非常有利于提高学生的综合素养，这就意味着体育教师要积极学习与体育核心素养相关的知识，从实际情况和自身经验出发灵活使用体育核心素养教学法。若是在教学过程中对学生进行分组，就必须充分了解每个学生的运动基础和运动能力。

下面以高三年级篮球传切配合为例展示篮球选项教学课的设计。

高三年级篮球传切配合课的设计

一、指导思想

本课贯彻"健康第一"的指导思想，体现"以学生发展为本"的教学理念，遵循以身体练习为主要手段的原则。本次课围绕传切配合内容展开，让不同水平的学生都能学习到传切配合技术的知识和技能，同时提高合作学习的能力。

二、教材分析

传切配合是篮球进攻战术基础配合之一。它是在学生掌握了运球、传球、接球、投篮进攻技术上开展的两人或者三人的基础配合，其中包括空切、一传一切，无球队员的横切、纵切、斜切等多种方式。传切配合的学习，能够较好地发展学生的速度、灵敏度，为学生们今后在篮球比赛中发挥水平奠定基础。本单元计划安排4次课，本次课为第1课时，是整个传切配合的重点，要让学生知道传切的路线和摆脱的方式。

教学重点：传切跑位的路线，摆脱的时机。

教学难点：切入与投篮的衔接。

三、学情分析

本次课学生为篮球初级班，共36人，其中男生24人，女生12人。本班班风良好。高中学生身心发展已趋于成熟，具备了判断、概括、独立思考等能力，在身体锻炼中也具备了较高的基本运动能力。本次课为本单元的第一次课，学生在跑位时路线选择会有偏差，利用标志桶提醒跑位的路线，摆脱时，向左假动作不到位，使得动作做起来不协调，难以摆脱防守队员，应增加学习过程中的练习强度。学生在完成一次的传切配合会很有成就感，教学中正确引导学生的兴趣，让学生把动体与动脑更好地结合起来，可增强教学效果。

四、教学目标

（一）认知目标

学生能说出传切配合的切入路线及方法，知道切入的要求及运用价值。

（二）技能目标

80%的学生能做出正确的摆脱切入的两种路线，20%的学生能做到跑动路线正确并接球上篮。

（三）体能目标

通过教学，发展学生的心肺功能与上肢爆发力。

（四）情感目标

在练习过程中学会沟通和合作，提高学生的互助配合能力。

五、任务分析

本课的教学任务是力争80%的左右的学生掌握篮球传切配合的摆脱方式和两

种跑位路线的动作要领、练习方法及锻炼价值，20%左右的学生能够做到跑动路线正确并接球上篮。因此，教师要做好主导作用，采用讲解示范法、巧用标志等教学方法，分层教学、因材施教。而学生要发挥主体作用，运用小组合作交流和探究方法来掌握传切配合技术动作和方法，最终完成本课的任务。

六、环境分析

本课的授课地点为篮球场，容易受到多个班级上课的影响，因此，教师要合理布置场地器材，充分利用场地，合理安排，减少班级间的相互影响，提高教学的效率。

进入冬季，天气逐渐变冷，要让学生充分热身。注意让学生背光，减少队伍的调动，提高学生学习的有效性。

七、教学过程

(一) 开始部分（约5分钟）

1. 课堂常规

设计意图：培养学生良好的纪律性，让学生明确本次课的学习内容、重难点及目标要求，为后续学习做好铺垫。

2. 热身

在教师带领下完成篮球场拿球慢跑、传手课等热身运动。

(二) 学习提高部分（约28分钟）

1. 无球传切路线跑动模仿练习

(1) 无球空切路线跑动

(2) 无球一传一切路线跑动

设计意图：让学生在初步知道传切配合后，进行无球路线的跑动，初步体会传切配合的路线。

2. 三分线外摆脱进三秒区练习（向左、向右、后转身、并步加速）

设计意图：学生在体会跑动路线后，进行摆脱动作的练习。摆脱动作是传切配合的开始，好的摆脱才能有好的机会出现。

3. 有球传切接回传上篮配合

（1）有球空切配合

（2）有球一传一切配合

设计意图：在学生完成无球模仿和摆脱练习后，增加有球的训练，让学生进一步巩固传切的基础配合，提高学生对传切配合的认识。

4. 学生展示和评价

设计意图：为学生提供展示的机会，提高学习的展现能力。

5. 素质练习

如俯卧撑、单手撑球俯卧撑等。

（三）整理恢复部分（约2分钟）

1. 集合整队

2. 放松练习

3. 课堂小结

设计意图：在练习后放松身心，通过课堂总结让学生加深对本课内容的印象。

八、教学策略

（一）教法

1. 讲解示范法

通过讲解和示范，让学生建立正确的表象。

2. 循序渐进法

通过无球的模仿、摆脱的模仿练习到最后的拿球进行传切配合，逐渐提高难度，让学生深入掌握技能。

3. 动作纠错法

通过个别纠错和集体纠错，使学生改正错误动作，掌握正确的动作技术。

九、教学效果预计

预计通过本次课80%的学生能够做出正确的摆脱后传切跑动路线正确，20%的学生能做到正确的跑动路线后接球上篮。

预计本课学生的运动强度为中等负荷，最高心率平均150次/分，平均心率为 120 次分左右，练习密度为 45%—50%。

十、教学中可能出现的问题及解决预防方法

问题一：学生摆脱动作不流畅。

解决方案：向左做假动作时提醒学生身体移动。

问题二：接球时停在原地。

解决方案：接球后直接上篮，失误后直接进行下一组。

十一、场地、器材的布置回收

课前准备：篮球场、篮球 40 个。

传切配合练习结束时，布置体能练习场地。

课程结束后安排学生回收器材。

二、足球运动教学设计

足球是一项以脚支配球为主，两队进行攻防对抗，以射球入门多少判定胜负的球类运动。足球比赛因其场面壮观、竞争激烈，具有独特的魅力，故被人称为"世界第一运动"。

足球运动不仅具有竞技性，更具有生动活泼的教育性，经常参加足球运动，对促进学生的全面发展以及养成健康的生活方式具有独特的作用。足球是一项集体项目，强调的是团队配合。参与足球运动，在增强体质、强健体魄的同时还可以帮助学生树立战胜困难的信心和勇气，培养顽强拼搏的意志品质。

表 3-3　足球教学内容与安排建议

项目	教学内容	安排建议
足球	足球运动的文化、知识、运动特点与价值	2 个模块
	足球的基本技术、基本战术和规则裁判法，足球运动操作的预防与处置办法	4 个模块
	掌握足球游戏、足球训练的方法，了解比赛的技巧和策略	2 个模块

（一）足球课堂教学目标调整

1. 提升核心素养的认知

我国各个学校应该改变以往对待足球运动的看法，一方面要明确高中足球课堂可以为学生打下良好的身体素质和塑造良好的体魄与精神来应对文化课的学习；另一方面要认识到高中足球课堂教学对立德树人，培养高中生核心素养的重要作用，改变重文化、轻体育的教学思想，加大对校园足球的重视。学校要想促进学生的全面发展，要真真正正做到"五育并举"。

足球活动是促进学生综合素质发展，有效培育学科核心素养的活动，学校在开展校园足球活动前需要对教师和学生进行学科核心素养相关理念的普及，纠正教师和家长的认识偏差，从而让教师、家长以及学生能够从心理上认可足球运动。只有这样，学校师生和家长才会重视足球教学和足球运动，才会允许孩子更多地参与足球运动，从而促进高中足球课堂的可持续发展。

2. 增加高中足球课堂教学目标

足球运动的发展是足球文化在社会、校园、家庭中经历了一个逐步重塑的一个过程，校园足球活动的广泛开展对校园体育文化氛围的营造具有独特的作用。校园足球在培养学生学科核心素养的过程中，需要已经具备核心素养或已经具备核心素养思维的教师的引领。

学校体育教学目标在我国体育课程改革中经历了从"双基"到"三维目标"的过程，现在进入"核心素养"发展的阶段，这一逻辑过程体现着体育课程改革自身的必然性要求，也体现着体育学科培养人才的主旨设计和向度。

在高中校园足球课堂的各阶段教学目标中融入核心素养目标，由此形成的高中足球课堂教学评价体系，要比"三维课程目标"更适合高中生的学习习惯和发展需求，这样的高中足球课堂教学评价体系不仅具备阶段性、统筹性等贯穿高中生整体发展的优良特质，而且具备情感性、情境性、动态性等有关高中生成长经历的重要体验和诉求。就目前来看，核心素养培养目标已经指导高中足球课堂教学，但如何将体育学科核心素养三大要素、十八个要点科学地进行分学年分学期分课时地细致培育，还需要进一步的统筹规划。一线高中足球教师也应充分意识到这一趋势，先行根据自身所在学校的特点进行核心素养细致培育实践。

（二）优化足球课堂教学内容

1. 增加"健康教育"的内容

培育一名学生获得核心素养的目标就是使他能够适应社会生活、应对学习挑战、具备良好品格，成为健康的人。因此，在高中阶段的足球课堂中需要将健康的要素和内容贯穿于学生运动技术和技能的学练中。有以下两条操作途径：

（1）在高中足球课堂技战术的学习中坚持"健康第一"的思想，将健康教育融入高中足球课堂技战术学习中，融入高中生对足球运动动作和足球技战术学习掌握的过程。教师在技术动作教学、身体素质训练和足球比赛的过程中融入核心素养的健康行为内容，在提醒学生做好每堂高中足球课开始部分的热身活动与结尾部分的放松活动的同时，引导学生正确的健康行为才是珍爱生命的具体表现。

（2）将健康融入身体素质的学习之中。身体素质的练习在高中阶段非常重要，良好的身体素质是预防运动损伤、进行进阶锻炼的必备条件。如果不具备核心素养的思维，难以正确指导高中生的身体素质锻炼，也无法针对高中生骨质较软、生长较快、身体发育迅速、新陈代谢高效等特点来定时定量锻炼和培育他们的体魄。

2. 增加"体能训练"的内容

体能训练的内容是任何体育课都必不可少的，但又非常考验教师的组织执行能力。在核心素养视角下，高中生可以采用接力比赛或分组对抗的形式发展学生的体能：

（1）体能训练。学生对于在比赛情境中的体能发展练习不容易产生枯燥无聊感，虽然比赛中对抗练习肯定要比单人或固定组合练习耗费更多体能，但学生却乐此不疲。

（2）核心素养培育视角下的体能训练可以有多种形式，在完成同一项练习时可以用不断减少完成时间的方式来挑战自我。在挑战自我的过程中，可以对技术进行不断学习与复习，促进自己的进一步成长。这些方法都可以在不产生精神上的疲劳中提升高中生的体能。值得注意的是，柔韧性、灵敏性、协调性、反应能力等练习都是体能训练的内容，在安排体能练习前应该认真考虑学生的身体是否能够完成。

3. 增加"实战训练"的内容

实战的内涵包括运动项目之间进行的完整比赛，也包括个人或小组之间的竞争对抗。实战是对个人运动技术的运用、团队战术配合、集体合作展示等方面的对抗与竞争的检验。高中足球课堂的实战环节，对于落实学科核心素养各个方面都具有积极意义。

以往的足球教学比赛中也经常运用到分组的形式，但只是单纯为了检验技术运用的教学组织手段，在发展学生核心素养框架下，现在的分组教学比赛除了强调技战术的运用，还强调参赛队员在比赛中的角色分工与扮演，比赛一方为了赢得胜利需要团结一致，各司其职又分工合作。比赛可以培养学生主动学习、勤于反思、信息意识等能力。教师在教授足球运动技能、战术战法后，学生进行最好的复习就是比赛，如何灵活地运用技术动作，如何合理地运球、控球和传球，如何在无球的状态下进行跑位，这些知识点可以由教师教授，但更需要实战巩固。在比赛中情况瞬息万变，此时作为球员，可以通过主动学习先熟悉相对固定的技术动作和战术打法，然后在比赛配合中记住不同情况下自己做出的相应选择以及所造成的反馈后果，再通过勤于反思来不断提升自己的应变选择决策能力，赛场虽然是瞬息万变的，但本质上的运动规律是可以不断体验、不断学习、不断把握的。

信息意识也非常重要，与主动学习和勤于反思起到相辅相成的作用。有了信息意识，学生能够学会观察队友和对手的技术动作特点、战术安排，基于分析判断的基础上，能更好地发挥自己的优势突破对手的弱点以赢得比赛。发展学生核心素养框架下的足球教学，不仅能完成既定的教学任务，提升学生的足球运动水平，还能让他们通过运动能力的迁移促进核心素养的培育，更好地适应往后的学习和生活。

（三）落实足球教学的形式

1. 充分利用现有场地

通过大场地改小场地等方式充分利用足球场地以容纳更多的学生参与练习，吸引学生通过运动参与促进运动习惯的养成。

在足球教学中，可以将篮球场改造成 5 人制小场地进行比赛，中线、底线、边线可以沿用篮球场原有的白线，两个标志筒的摆放可以充当球门，如果需要更加规范或更加便于教学的开展，则可使用价格便宜的 PVC 材质构造球门。对于任何非标准或不规则场地，只要地面平整均可充分利用。比赛时通过标志物划定场地，通过半场的交换场地以化解不规则场地带来的比赛不公平情况。

教师围绕核心素养进行高中足球课堂教学设计，可以创新运用各种手段和方法，同时注意对学生的言传身教。

2. 优化教学组织形式

在一些优质示范课中体现出的教学组织形式和在自然班级基础之上又有分组和分边的教学形式，非常具有指导意义。注重培养学生在实践运用中解决问题的能力，对于培育和发展学生学科核心素养具有积极意义。

当学生人数确实较多时，在课堂准备阶段，可以与学生平等交流，直接告诉他们课堂人很多，但是足球又是大家喜欢的体育项目，要想上好足球课就要全身心投入课堂，配合教师的教授。

对练习项目之间的衔接优化，可分组分边，提前做好课堂规划和准备，提前摆放好标志物，通过不同形状、不同颜色的标志物把有限的足球练习场地划分出无限的区域。

在示范课中，教师可设置热身游戏环节、面对面传球练习环节、小场地比赛环节、放松环节，在课开始之前就做好准备，摆放好相应的标志物。上课时，组织学生进行分边组队（这个措施可以长效化，每个班级在第一次课时组织分组并在后面的教学中保持相对固定，通过给自己的练习小队冠名的方式，增强他们的代入感，提升参与足球学习的积极性）。从在指定划分区域的热身游戏练习到面对面传球练习，教师一个简短的口令就能完成原先集合——整队——分散站队的复杂队伍调动的过程，尽可能多地节省宝贵的课堂时间给同学们进行练习，从而提升足球课堂的教学效率。

3. 采用班级俱乐部形式

随着校园足球的开展，足球在学校中受重视程度也越来越高。随着足球校际联赛的开展，如何对校足球代表队进行科学选拔与训练，是校园足球选项教师与足球教练必须面对的事情。

首先，要明确校园足球的开展是学校体育的突破口，不论是不是校园足球特色学校，从计划到开展校园足球都不是为专业足球梯队输送人才的。

其次，要保障高中校园全体学生对足球场地的使用。联合学生会和团委成立学生自发性高的俱乐部和足球社等学生会组织，组织开展校园内、年级内与年级间的联赛，切实提高校园足球氛围。

（四）灵活运用足球教学方法

1. 根据实际，推出适合的方法

学校体育从雏形发展到现代的形式，在课堂学习的学生并不是每次都是按照教师提前设定好的内容与学习方法来进行学习的，教师应留心做出应对。在新课改的要求下，从核心素养视角出发，学校体育特别是高中足球课堂应根据学生自身实际发展状况来制定有一定自主性和差异性的个性化学习，改变传统的学习方式，倡导个性化的学习。如果这种认识只停留在意识表层，无法真正达到发展学生核心素养、满足学生学习进步的深层次需求。新方法设计在于用心，使用新方法要有创新。

2. 注重反思与反馈

在高中足球课堂中反思教学过程与得失，主要是对教师提出的要求，反思的目的在于让学生分享、体会、感悟、评价课堂学习的意义和成就。学科核心素养的体育品德要素中尊重规则、突破自我、团结协作、责任担当等内容，无不蕴含在学生的运动技战术学练、团队比赛、体能练习之中，教师需要将附着在运动学习上的隐性学习价值挖掘出来。通过教学后的反思与总结，一方面要求教师对自己的"教"进行反思，另一方面要引导学生反思自己的"学"是教师重要任务之一。教师在教学过程中，要积极引导学生表达自己的想法。

高中生的潜力是容易被低估被忽视的。很多时候一个技术动作的成功使用、场上失败或胜利对内心所造成的影响是巨大的，教师正确的提示和引导，可培养高中生勤于反思的核心素养，将立德树人做到实处。

3. 巧用教学用具，优化教学环境

足球场是否平整、草皮是否软硬适中、足球本身是否好看、里面气量是否合适，都会对学生学习足球的热情产生影响。教师在足球教学中，要努力提升自身水平，提高课堂效率。注重对学生学科核心素养的培养，是教师应尽的责任与义务。同时，教师也要有勤于反思、勇于探究的科学精神，认识到教学环境对学生带来的影响，在努力争取更好的教学环境的同时对学生都喜欢新的球、好看的球、好用的球的心理做进一步引导，让学生爱护场地、器材。引导的过程不但使教师的人文底蕴和审美情趣的培育空间得到扩大，也让学生的人文底蕴在对足球的喜爱和珍惜中慢慢培养成长。

（五）改进教学评价方法

1. 增加核心素养指标

核心素养的重要意义决定了高中足球选项教学过程是一种集互动、对话与体验的生成过程，即高中足球选项教学要立足足球技术与技能的基础性，在足球技术与技能学练过程中关注学生的参与体验和情感需求，通过帮助学生获得技术、技能与体验比赛背后的价值来培育学生的核心素养，实现学生在运动学习当中的知识和意义的自我建构，逐渐培养起适合高中学生的合作性、活动性与反思性的学习能力。

高中足球选项教学必须紧紧围绕培育学生的核心素养展开，强调以"核心素养"为起点，注重发展以学生为主体的"学生核心素养"和以应用为重点的"学科核心素养"，使高中校园足球教学更加明晰，更加契合于足球项目的核心素

养评价指标。

2. 过程性评价与终结性评价相结合

高中足球选项教学应注重过程性评价和终结性评价相结合的综合评价，对学生的足球运动技能掌握情况、体质健康或体能素质发展水平进行测评与衡量是终结性评价的观测点，记录学生出勤情况、课堂表现、进步幅度情况是过程性评价要考察的地方。

任何一种量化评定都不能给出运动技术动作最精确的结论，通过过程性评价来弥补以考核为唯一标准的终结性评价所造成的缺憾，使评价更能全面地评定一名学生的发展水平。

过程性评价最终还是要有连贯的过程以形成阶段性的终结性评价。在这一过程中，不能只有学生的自测、自评和互评，学期中和学期末的统一考核测试也必不可少。在核心素养视角下，以高中足球作为评价运动能力、健康行为和体育品德的途径，可以实际情况来确定各自的占分比例。

有了核心素养的理论框架，在执行高中校园足球的教学过程中便有更具体的措施保证。

3. 教学评价与家庭接轨

教学评价与家庭接轨，一方面能更加规范教学过程，另一方面也能充分调动学生和家长参与的积极性。各地方教育部门应根据当地高中校园的足球开展情况组织校园足球活动，在活动中认定学生的足球运动水平能力，并在学生综合素质的评价中予以评定。

下面以高一年级足球脚内侧传球来展示足球选项教学课的设计。

高一年级足球脚内侧传球课的设计

一、指导思想

课程以健康第一为指导思想，强调健身育人功能，高度重视和培养学生的学科核心素养，注重设置知识与技能、过程与方法、情感态度与价值观有机整合的体育与健康课程目标及结构；在强调体能、运动技能和体育文化学习的同时，融合与学生健康成长相关的知识和方法，关注学生健康行为，培养学生不怕困难、顽强拼搏、公平竞争等体育品德。

国务院办公厅《关于新时代推进普通高中育人方式改革的指导意见》中指出，发展素质教育，遵循教育规律，围绕凝聚人心、完善人格、开发人力、培育人才、造福人民的工作目标，切实提高育人水平，为学生适应社会生活、接受高等教育和未来规划发展打好基础，努力培养德智体美劳全面发展的社会主义建设者和接班人。本课程以足球的传球为载体，通过教学设计，让学生在无对抗或弱对抗的情景下快速做出决策，让足球育人功能在决策能力的培养上展现出来。

课程结合学生的实际情况，制定科学的学习目标，以学习目标引领学习内容，设置科学的"学练赛"课程结构。以学生发展为本，循序渐进，促进学生身心健康，体魄强健，全面发展。

二、教材分析

（一）脚内侧传球

脚内侧传球作为足球最重要的基本技术之一，是足球场上将点连成线的主要技术，在足球运动中常常发挥着决定性的作用，是短传、直塞、二过一、转移等战术中最常用的技术。脚内侧传球具有准确性高、速度快、稳定性高等技术特点，具有其他传球技术不可替代的作用。选择脚内侧传球技术作为水平五的教学内容，不仅让学生打好足球运动的基础，还能在提高部分培养学生短时间内的判断和决策能力，以及身体协调性、敏捷性等身体素质。

（二）体适能（核心力量）

核心肌肉群担负着稳定重心、传导力量等作用，是整体发力的主要环节，对上下肢的活动、用力起着承上启下的枢纽作用。强有力的核心肌肉群，对运动中的身体姿势、运动技能和专项技术动作起着稳定和支持作用。由此看出，核心力量是一种综合素质，是速度、柔韧、协调、力量等素质的综合反映，因而它是所有对协调、灵活、准确和应变能力有很高要求的运动项目的最重要素质。课程中选择核心力量作为本节课的体适能内容，可有效地提高学生在传球时的核心稳定性，与其他学习内容构成衔接，使学生有效、快速地提高脚内侧传球的准确性和稳定性。

三、学情分析

本节课的教学对象是高一年段男生足球选项班，学生年龄在 17 岁左右。该年龄段的学生身高处于慢速增长阶段，肌肉占比逐渐增高，身体形态发育开始进入平缓发展的时期，合理的身体锻炼可以促进身体形态的生长发育。目前，该班级已在高一入学前暑假期间自学脚内侧传球技术，并通过入学测试，具有一定的足球传接球基础和学习能力，本课选用的教学内容适用于该年龄及相应基础的学生，通过学习均能掌握。由于学生在运动能力等方面存在差异，所以在学习过程中应关注学生个体差异，采取分层次或个别辅导等教学手段，帮助学生达成课程目标。

四、教学目标

（一）认知和技能目标

通过本课的学习，加深学生对足球技战术意识、健身价值、文化内涵等方面的了解，发展学生传球的准确性和动作的规范性。

（二）体能目标

发展学生核心力量，提高身体控制能力和稳定性。

（三）健康行为目标

通过本课的学习，培养学生主动观察和交流的社交能力，培养学生果断自信的决策能力。

（四）体育品德目标

培养学生勇于挑战、超越自己的精神。

五、任务分析

课程中脚内侧传球部分是第 2 课时，主要由以下两部分内容组成：复习及提高内容。复习内容中学生不单要熟悉动作，更应研习动作要领，领悟动作内涵，方可体会脚内侧传球的准确和稳定的特点。提高内容的学习过程中，学生按照教学小组，根据教师在战术板上的要求进行交流，交流过程中学生应相互探讨、相互指导，利用简短的学习时间确认交流方式，掌握动作技能，整个过程均保持积极向上的学习态度和主动学练的学习行为，才能有效地达成课程目标。发展学生核心力量的练习任务中，学生在爬行训练时应先掌握练习方法，并且在随后的重复练习中不断提高身体的稳定性和控制能力。

六、环境分析

本节课的教学场地为五人制足球场，场地宽阔平整，器材充足，光照明亮，整个球场独立，但位于乌龙江大道旁，声音较为嘈杂，课程时间是11月下旬，处秋冬季节，凉爽并不寒冷，温度在15摄氏度至22摄氏度之间。

从场地、器材、光照、温度等角度分析，本节体育与健康课的教学环境较好，适宜开展。

七、教学过程

（一）开始部分

1. 慢跑热身

2. 足球专项动态拉伸

3. 决策性游戏（九宫格）

设计意图：热身部分内容较多，包含了常规热身环节（慢跑热身、动态拉伸）和决策性游戏两部分，课程的开始热身部分采用与足球相关的技能，能够起到较好的导入效果，激发学生进行主教材的学习，做好身体和心理准备。

（二）学习提高部分

1. 复习运动状态下传球的能力

分组复习：以教学小组的形式，班级分为2个小组，每组一半队员有球，一半队员无球，在15×15区域内自由传球，在小组长的组织下自主复习已学内容。

设计意图：培养学生自主学习、合作学习的能力。

2. 提高传球的决策能力

分组自主学习：以教学小组的形式，班级分为2个小组，在小组长的组织下根据教师在战术板上的要求自主学习。在前一项复习的基础上，每组一半球员人手一个标志盘，互相传接球的两名球员必须一名有盘一名无盘。

设计意图：培养学生自主学习、探究学习、合作学习的能力，培养学生的决策能力。

3. 提高弱对抗下传球的决策能力

（1）分组自主练习：在前一项练习的基础上每组增设 1 名防守队员，防守队员若成功将球破坏，则交换防守。

（2）集中学习：在教师的组织下学习提高内容。在前一项分组练习的基础上，将 2 个区域合并，共设 2 名防守队员。

设计意图：加强交流呼应的主动性，提高传球时的决策能力。

4. 小场地比赛

20×40 米的区域内，设置 2 个守门员及 2 块自由区域，场地内进行 5 对 5 对抗（1 名替补队员），本方半场自由区域内对方球员不得抢截，对方半场不限制。

得分机制：自由区域内接球得 1 分，半场转移得 2 分，进球得 5 分。

设计意图：鼓励球员在低对抗下进行合理决策，通过设定的得分机制进行传球得分。

5. 体适能练习

做 3 种爬行练习：猩猩爬行、毛虫爬行、蜘蛛爬行。最后进行蜘蛛爬行的接力比赛。

设计意图：补偿性练习，发展学生的核心力量。

（三）整理恢复部分

1. 整理放松

设计意图：采用肢体放松、大肌肉群的拉伸等方式让学生尽快从兴奋状态恢复安静状态，达到身心放松的目的。

2. 课堂常规内容

八、教学策略

为达成教学目标，教学中采用语言、动作、视频等作为师生相互传递信息的工具，采取讲解法、示范法、诱导练习法等教学方法。

九、教学效果预计

预计 80% 以上的学生能掌握本课所要求的主动交流、快速决策的能力。

预计本课学生的运动强度为中等，最高心率 170 次/分，平均心率 140 次/分左右，练习密度66%左右。

十、教学中可能出现的问题及解决预防方法

问题一：学生个体性格的差异性，容易导致个别学生在练习过程中不敢交流，不善决策。

解决方案：关注个体差异，进行个别指导，鼓励队员大胆交流，勇于决策，正确与否不重要。

问题二：在运动状态下进行传球并快速做出决策容易导致脚内侧传球技术动作变形。

解决方案：如果是个别现象，进行个别指导，练习无须暂停；如果是普遍现象，则暂停练习，进行整体指导。

问题三：课程中的提高部分容易出现单方面交流情况。

解决方案：加强学生交流方式的多样性、合理性，强调交流到位，避免单方面交流导致多个球传给同一个队员。

十一、场地、器材的布置回收

课前准备：足球场、足球20颗、标志盘若干、绳梯3副。

新授内容结束时，布置体适能训练场地（3副绳梯平行放置，间隔3米）。

课程结束后安排学生回收器材。

三、排球运动教学设计

排球运动是高中体育与健康课程教材中主要授课内容之一。排球运动具有激烈的对抗性、高度的技巧性及严密的组织性等特点，是一项深受学生喜爱的球类项目。

排球运动技术包括完整的击球技术和无球技术。击球技术包括传球、垫球、扣球、发球和拦网。无球技术包括准备姿势、移动、起跳和倒地等动作。通过排球基本技术的学习，学生可以提高基本技术的动作质量，综合运用所学的各项基本技术去锻炼身体，提高身体素质，培养团结协作、顽强拼搏的意志品质。课程以基本移动技术和传球、垫球、扣球、发球等基本技术以及简单的进攻和防守战术为主要教材内容。并在此基础上再进行拓展学习，以比赛形式来进行学练，提高学生学习兴趣，增强学生的学习信心。

表3-4 排球教学内容与安排建议

项目	教学内容	安排建议
排球	传球、垫球、发球等基本技术和体能	2个模块
	基本技术与中一二、边跟进、边一二、心跟进等基本战术和体能	2个模块
	排球基本技战术应用，比赛和体能及规则裁判知识	2个模块

（一）排球运动教学的学期教学目标设计

其一，学生拥有健康的体魄，健美的形体。了解体育与健康基础理论知识，并掌握跑、跳、投、滚、翻等日常劳动、运动所需的基本运动能力，能够从容应对日常生活所面临的突发状况。

其二，学生习得垫、传、发、扣、拦5种排球基本技术，掌握基本的排球移动步法，并学习了解排球项目基本的竞赛规则（包括队员的轮转、裁判知识等理论），能在教学比赛中运用所学的基本技术与一般配合战术。通过实践运用，培养部分学生排球裁判能力。

其三，通过课上组织的排球比赛激发学生对排球运动的兴趣，培养学生终身体育的意识，教学生学会处理运动性疲劳的方法。

其四，通过课中学习，培养学生发现问题、探究问题、解决问题的能力，表现出负责任的精神。

其五，通过课上组织的排球竞赛，让学生懂得规则意识、团队协作、拼搏精神，敢于展示，学会欣赏比赛。

其六，在教师引导下，学会自评和同学之间相互评价的方法。

（二）排球运动教学的内容与课时安排

根据学校特点以及选项教学计划安排、场地器材、学生情况、教师能力，结合体育与健康学科核心素养的落实与培养要求，对高二年级排球选项课的学期教学内容作出安排：体育与健康基础理论知识、排球运动的发展、排球球性练习及排球移动步法、正面双手垫球、正面双手传球、正面下手发球、正面上手发球、正面屈体扣球、排球比赛规则、排球基础攻防战术学习、排球教学比赛等。此外，每节体育课均安排 10 分钟左右的补偿性体能练习。因为每节课都穿插了相应的体能练习，故不再单独设置专门的健康体适能练习课。

确立教材并选取完教学内容之后，需要对学期教学计划进行教学单元划分和课时分配。学期共分为 6 个单元进行教学，以照模拟比赛季的教学模式将本学期划分为两个阶段进行教学：前 2 个单元称作为"赛季前阶段"，后 4 个单元称为"比赛季阶段"，学期末的最后 2 节课不再单独设置单元，称为"赛季后阶段"。

1. 赛季前阶段

结合开学初学校的工作安排，赛季前阶段的教学内容安排为：复习高中前阶段学习过的较为简单的排球基本技术，同时兼顾身体素质练习以配合体质测试和校运会任务（身体素质的发展也是提升排球专项技术的关键）。赛季前阶段课时数为 12 节，共分为 2 个单元进行学习。

（1）第 1 单元（6 学时）：垫球与传球复习单元。本单元主要学习内容有理论课（1 学时，排球运动的发展和特点、学习价值和规则介绍）和实践课（5 学时，移动及准备姿势、垫球、传球，体能练习）。

主要的教学策略如下：

①通过个人、小组的体验练习，发现垫、传球的基本规律。

②模仿学习。教师领做和学生仿做相结合，巩固所学内容。

③集体学练。移动与准备姿势可以让学生看、听信号练习。垫球、传球可以实行自垫、自传，体会手型。

④分组学练。特别注意两人、多人练习。

⑤大量运用接近于实战的游戏与小比赛练习，培养学生团队合作意识。

（2）第 2 单元（6 学时）：发球、扣球单元。本单元主要学习内容为实践课：发球（3 学时）、正面扣球（3 学时）。课中，加入体能练习。

主要的教学策略如下：

①讲解示范动作技术要领，突出重点，可与挂图、慢动作及视频相结合。

②学生模仿，尝试做发球、扣球动作。

③有球练习。发球练习时体验抛摆引挥动作。

④发球要提高质量，在场地上画出得分区，激发学生学习兴趣。

⑤扣球练习。从扣固定球到自抛自扣，再到一抛一扣，最后完成助跑起跳扣球。

⑥鼓励团队学练，培养学生互帮互助意识。

2. 比赛季阶段

赛季前阶段的复习和学习是为之后的比赛季阶段做准备的，并注重在赛季前阶段发展学生的基本运动能力。经过前阶段的两个单元学习，学生已基本掌握排球最基本的垫、传、发、扣技术动作，同时也已发展了良好的身体素质。在比赛季阶段，经过简单的规则介绍后，学生便可以开始以垫、传、发为主要的技术，组织简单易行的排球比赛。在之后的课时中，学生通过深入学习扣球、拦网和基础配合战术后，将不断地提高比赛的竞争性、激烈性和观赏性。

在比赛季阶段，学生将会学习两三人间的垫传技术与基础配合战术等。需要特别提出的是，在比赛季阶段，不会像赛季前阶段一样花费大部分的课上时间去专门学习和练习某一项技术，而是使用课上少部分的时间介绍和练习某项技术，在教师简单的教学和引导之后，鼓励学生在比赛中去体会和使用这项技术。教师通过领会式教学法鼓励和引导学生，而学生则通过自主学习、合作和探究学习的方式来提高和完善自己的技术动作。比赛季阶段的课时数约为22节，共划分为4个单元进行学练。

（1）第3单元（6学时）：进攻战术运用单元。本单元的主要学习内容有排球比赛中的基本站位、基础进攻战术运用（中一二、边一二进攻战术）、教学比赛、体能练习等。

主要的教学策略包括：

①讲解、演示站位及进攻战术基本阵型。

②熟悉位置与跑动路线。

③二传和扣球的配合练习。

④强化规则意识和合作意识。

(2) 第 4 单元（6 学时）：防守技术单元。本单元的主要学习内容有：跨步垫球、低姿态垫球、单手垫球、手挡球、拦网、教学比赛、体能练习。

主要的教学策略有：

①利用多媒体引导学生建立排球防守的基本概念。

②跨步垫球、低姿垫球步伐和击球技术有机结合。

③单手垫球、手挡球需要大量的练习，培养学生的球感。

④拦网练习注意身体素质的差异性，结合轻扣、吊球，提高学生综合防守能力。

⑤与比赛游戏结合的练习，注重激发学生的兴趣。

⑥注重培养合作意识和克服困难的优良品质。

(3) 第 5 单元（6 学时）：组合动作单元。本单元的主要学习内容有：接传垫球、接发球、接扣球、接拦回球、教学比赛和体能练习。

主要的教学策略有：

①在进行技术组合练习时，要求学生在认真观摩教师示范的基础上，进行练习。

②分组练习时，可以通过控制发、扣、抛球速度、路线来提高学生接球能力，可以难度逐渐加大。

③接传、垫球，要提醒学生积极跑动，保证一传到位率。

④接发球、扣球，多鼓励学生，克服恐惧心理，大胆击球。

⑤接拦回球，学生必须注意力高度集中，早判断，早取位。

⑥多进行模拟比赛的串联练习，提高防守与进攻技术的衔接能力。

⑦教学比赛，在防守的基础上，建立学生攻防转换的意识。

(4) 第 6 单元（约 4 学时）：技战术结合单元。本单元的主要学习内容有：简单防守战术运用（"心跟进"战术）、技战术结合运用、教学比赛、裁判基本手势、体能练习、考核。

主要的教学策略有：

①利用多媒体讲解、演示站位及防守战术基本阵型。

②先进行六轮的徒手模仿练习，让每个学生熟悉每一轮的防守位置。

③简化规则，降低要求，进行比赛，保证比赛的正常进行。

④教师讲解考核标准与要求，教师主持考核，学生参与评定。

（三）排球运动教学方法的选用

在进行教学设计时，教学方法的选用尤为重要。不同的教学方法会有不一样的教学效果，合理地选择体育教学方法，有利于提高体育课的教学质量，使学生的体育学科核心素养培养达到最优化。

在赛季前阶段，学生以复习排球的基本技术动作为主。在这一阶段中，模拟比赛季教学模式中吸收身体练习教学方法、探究活动教学方法的优势，以身体练习为主，小组合作探究同步进行，在进行技能学习时，教师也要充分关注学生运动技能的掌握情况。

以正面双手垫球为例，教师在不同阶段所采用的教学方法存在差别。如在动作技能的泛化阶段，教师应帮助学生构建完整清晰的动作概念，此时教师应该多强调正面双手垫球的技术动作，并通过多次的完整动作示范来让学生掌握清晰的动作概念。而到了动作技能的分化阶段，学生基本掌握了完整的技术动作，但在受到新的刺激和干扰时会出现错误动作。教师此时则应当注重纠正学生的错误动作和多余动作，让学生多体会技术动作的细节，可以采用在学生的手臂上贴标记纸等方法，帮助学生找到正确的击球位置，使学生的动作更加精确。而在进行难度更大的动作技能教学时，教师可以采用分解练习，从而降低难度、层层递进。降低难度的练习可以提高学生的信心，而循序渐进的教学方式可以培养学生敢于挑战的勇气，磨炼出优秀的品质。

在赛季前阶段，小群体教学法的优势尤为明显。同学之间相互帮助，相互学习。垫球好的同学在练习中可以充当"小老师"的角色，传球好的同学反过来帮助别人掌握传球技术。小群体教学法关注课堂上的集体因素，加强了学生间交流的社会性作用与学生之间的互帮互助，可提高学生的学习积极性，达到对学生社会性的培养。与此同时，每节课都有必不可少的身体练习，这也是培养学生运动能力的关键。在赛季前阶段，通过多种教学方法的相互渗透，可以充分培养学生的运动能力，提高学生的人际交流能力，促进学生克服困难的优秀意志品质的养成。

在比赛季阶段教学整合了领会教学法、情境教学法和比赛教学法的优势，同时穿插发现法和小群体教学法等。以"拦网"教学为例，在前期课程中，教师已经向学生讲授了排球竞赛的相关规则和知识，并且学生也已经可以使用传、垫、发、扣等技术进行简单的排球比赛。教师在学生进行比赛时，鼓励学生使用刚刚学习的扣球技术进行得分，并结合实战向学生提出问题。这时候教师可以鼓励学生以小群体的形式进行讨论，通过学生自主、合作学习去寻找问题的答案，有效激发学生的学习兴趣，培养学生学习动机，培养学生正确对待问题、解决问题的能力。当学生得出统一的结论"拦网"时，教师应当给予学生充分肯定。但此时教师要做的并不是将拦网这一基本技术动作拎出来进行单独的教学，而是对学生进行"战术意识的培养"和"瞬间决断能力的训练"，这便是领会式教学法所强调的。

教师介绍并讲解拦网的动作方法，结合比赛实战向学生示范拦网的技术动作，并向学生演示在面对实战中各种复杂的情况时应当做出何种应对。通过领会式教学法可以对学生的综合能力进行训练，培养学生的大局观和把握、判断时机的能力，提高学生随机应变的能力，使学生最终可以根据所学的知识与技能，判断并选择最合适的行动方案。

（四）排球运动教学的评价方式选择

学习评价的目的应当以"导向、反馈、激励、诊断"为指导思想。对学生体育与健康学科核心素养的达成进行密切地跟踪、诊断、导向和激励，是学习评价的主要目的。学习评价可培养学生自评与互评的能力。教师通过学习评价来了解学生学习过程中表现，反馈学生在学习中暴露出的问题，以便调整教学策略，帮助学生完成学习任务，达成培养目标。

学习评价的内容应当涉及多个方面，包括健康体适能的评价、专项知识与专项技术的评价、学生学习态度与情意表现的评价、学生规则意识和团队互助精神的评价。评价的内容应当紧扣体育学科核心素养，并与发展学生的运动能力、健康行为、体育品德密切相关。学习评价可以采用教师评价与学生评价相结合的方式，更客观地评判学生体育学科核心素养的达成度。

教学中教师还要善于为学生搭建展示能力、水平、个性的舞台。

1. 教师评价

教师评价占总评价的 60%，教师在对学生进行评价时应当注意定性评价与定量评价相结合、终结性评价与过程性评价相结合、绝对性评价与相对性评价相结合。

（1）定性评价与定量评价相结合。定性评价与定量评价相结合主要表现为两个方面：对某些可量化的因素进行量化，对不可量化的因素进行定性评价；对某些因素进行量化后得到的结果进行分析。

（2）终结性评价与过程性评价相结合。终结性评价关注的是教学的最终效果，其目的在于对一学期的学习效果进行最终评判。过程性评价则伴随整个体育教学过程，持续进行的，目的是实时掌握学生学习的发展和进度，以便对教学内容与教学方法进行及时而有针对性的调整来提高教学效果。

（3）绝对性评价与相对性评价相结合。绝对性评价与相对性评价相结合强调对学生体育学习成绩的评定应充分考虑学生态度和行为的进步与发展，并提出应依据每个学生的实际进步情况进行考评的思想，而不是以统一的标准要求所有学生。评价的内容不仅要注重运动能力的评价，也要注重健康行为和情意表现的相关评价，做到对学生运动能力、健康行为和体育品德的充分考察，要与体育与健康学科核心素养密切相关。

2. 学生自评与互评

学生自评与互评占总评价的 40%，学生以自我评价、自我反馈、自我激励的方法，进行一学期的总结反思。学生正确地审视自己经达到的水平，并预估将来有可能达到的水平,准确地找寻"最近发展区",为确立自己下一阶段的学习目标做好准备。学生可以通过完成书面核查表的形式来描述自我学习目标的完成程度。通过简短的学习总结打分的方式,对自己相应课时、单元和学期的学习态度、情意表现、合作精神等各项健康行为和体育品德指标进行评价,总结出自己养成了哪些健康行为,以及是否通过前面的学习,将优良的体育精神和品格移植到日常的学生生活中去。

在学生相互评价时,可以通过小组讨论的方式来进行,同学之间相互评价学习中的表现,点评的内容可以包括:是否理解和尊重他人,是否承担小组责任,练习中有无埋怨责怪他人,能否调控好自己的情绪,学练中有无战胜胆怯和自卑,是否做到尊重规则和裁判,是否敢于克服困难。讨论结束后,由小组长进行书面形式的总结,并呈交体育教师。体育教师在学生自评与互评过程中,不过多干涉学生的评价结果与讨论内容,在学生进行讨论时还要营造宽松的氛围,讨论结束后做出客观的点评,借此营造良好的班风。

(五) 教学计划的实施要求

1. 赛季前阶段的实施要求

赛季前阶段以学生为主体,教师为主导,教师以"先探究,再学练,后掌握"为这一阶段的指导思想。教师通过多媒体教学媒介,让学生观看技术动作,在模拟竞技教学模式的情境下,鼓励引导学生以探究学习的方式对技术动作进行观察和领会,学生再通过自主学习或小组同学间的合作学习进行练习来掌握一项技术动作。

教师可以提早准备一些教具,学生以团队合作的方式进行互帮互助的学练,在尝试中体会动作要点,通过多次"试误"过程,达到"顿悟"的效果。在这一阶段中,教师扮演的是引导者角色,小组合作学习中的小组长则由小组成员轮流担任,教师在各个小组间进行巡回指导,鼓励学生尝试技术动作、不要怕出现错误动作,引导学生改正错误。赛季前阶段学生的学习以掌握基本的垫、传、发技术为主,讲解内容不必过于精细,主要是为下一阶段的比赛季做准备,让学生能在比赛季初期阶段可以使用简单的技术动作来自行组织和参加小游戏和简单的比赛。

2. 比赛季阶段的实施要求

比赛季阶段的主要内容是在教师的引导和帮助下，学生自由组队（教师协调下的同质分组）进行排球比赛，旨在通过小组间的竞赛来提升学生的排球技术。本阶段学生组织的比赛层次越来越高，观赏性越来越强，竞争性就越来越激烈。

比赛季阶段的技术动作的学习是穿插在比赛之中的在比赛的过程中，小组间同学互帮互助，合作学习某一项技术动作，这一过程也是培养小组内学生团队意识、规则意识、合作意识和竞争意识的重要阶段。在这一阶段，体育教师有一个重要的任务是适时适当地修改竞赛规则，以达到培养学生调控情绪、适应环境、勇敢顽强、积极进取等健康行为和体育品德的目的。按照培养学生体育与健康学科核心素养的要求，教师应引导学生正确对待比赛的胜负，培养友谊第一、比赛第二的体育精神。

在最后单元的排球联赛中，班级内可分成4队进行循环比赛。按照积分制排名后，再打决赛。各队可自由选取队长，由队长对组内成员进行合理分工。这一阶段体育教师的工作重点是引导、观察和鼓励。教师通过不断的鼓励和引导，达到培养学生敢于尝试、不怕失败的体育精神。而在联赛结束之后，教师应与学生进行交流对话，相互点评，共同反思。

在点评反思的过程中，教师不仅要对学生技术动作的掌握程度进行点评，更要对学生情意表现进行相应的评价，引导学生将赛季中优秀的精神品质移植到日常的学习生活中去。在总结评价的时候，留给学生充足的自我提高和发展空间，并帮助学生准确地定位其现在已经达到的水平，分析其将来可能达到的水平，找寻学生的"最近发展区"，借此达到全面提升学生体育与健康学科核心素养的目的。

3. 赛季后阶段的实施要求

赛季后阶段是进行教学比赛的决赛和庆典活动。庆典活动的举办标志着整个赛季完整地落幕了。体育教师要组织学生进行反思总结，总结内容包括教师点评、学生自评和学生互评。教师要做的主要内容是组织、引导、点评，与学生交流，回顾赛季。全班学生对一学期完整的赛季体验进行总结归纳，教师点评时针对学生在一学期中的表现进行客观公正的评价,学生也可以通过书面表达的方式对自己进行一学期的评价,描述自己所感受到的核心素养培养过程。在总结中发掘出一学期养成的良好道德品质,并在日常的学习生活中延续下去。

下面以高一年级排球正面双手垫球来展示排球选项教学课的设计。

高一年级排球正面双手垫球课的设计

一、指导思想

在新课标基本理念下,充分体现"以学生发展为中心,重视学生的主体地位",辅以教师的引导。教师通过讲解示范指导,采用多种方式练习手段,以促进学生身体健康和运动能力为首要目标,培养学生团结协作能力和主动锻炼身体的习惯,发展学生终身体育意识。在本课的教学方法和练习中,始终围绕着"健康第一"的指导思想。

二、教材分析

排球运动具有很强的娱乐性、趣味性,强调集体的配合。垫球技术是排球运动中最主要的基本技术之一,是接发球和防守最常用的主要技术,起着组织全队相互配合的重要桥梁作用。作为排球教学重要组成部分,它是更好地学习各种技术和战术的基础,垫球技术好坏直接影响到集体力量的发挥和战术的配合质量。本课的教学内容就是排球运动中垫球的基本技术,无论是比赛还是锻炼身体,都应掌握此技术。通过学习,学生在学练中探究、合作,提高发现问题、解决问题的能力,为快乐体育、终身体育打下坚实的基础。

三、学情分析

本次课的授课对象为高一排球选修班的学生,人数共38人。该年龄阶段的学生心理意识趋向成熟,有一定的自我约束能力,喜欢合作探究和展示自我。经了解,大部分学生对排球有所了解,但真正有实践的并不多,都属于新学者,但他们所具备的能力有利于开展和学习排球这项运动。本课采用多种练习手段,充分挖掘每个学生的潜在能力,以促进学生完成教学目标。

四、教学目标

（一）认知目标

学生了解正面双手垫球动作要领以及垫球手型和触球部位。

（二）技能目标

通过学习，85%的学生能够用正确的动作技术来回对垫球，15%的学生可以完成抛垫球。

（三）体能目标

通过素质练习，学生发展弹跳能力和腿部力量。

（四）情感目标

激发学生对学习的乐趣，培养学生互帮互助、团结合作的精神。

五、任务分析

本节课的教学任务是使85%的学生能够用正确的动作技术来回对垫球，15%的学生可以完成抛垫球。教师要发挥主导作用，设置练习方法，采用讲解示范法、动作纠错法，注意分层教学、因材施教。学生要发挥主体作用，在课堂中积极配合以掌握排球正面双手垫球的技术动作，最终完成本节课的学习任务。

六、环境分析

本节课的授课地点在学校排球场，由于没有其他班级的影响，教师在设置练习方法的时候可以采用易于提升学生垫球水平的方法，提高课堂教学的有效率。

高温日照会影响学生学习效果，教师在队列队形设置和练习安排的时候要注意背光，同时要适当降低练习强度，以防学生中暑。

七、教学流程

（一）开始部分（约10分钟）

1. 课堂常规

设计意图：培养学生良好的纪律性，树立尊师重教观念，并让学生明确本次课的学习的内容、重难点及目标要求，为后续学习做好铺垫。

2. 慢跑

3. 徒手操（教师带领完成）

4. 热身游戏（蛇吃蛇）

设计意图：通过游戏的方法，增强热身的趣味性，提高学生的学习热情，防止后续的运动损伤。

（二）基本部分

1. 复习正面双手垫球

（1）复习垫球手型

设计意图：使学生回忆起排球正面双手垫球的技术动作。

（2）自垫练习

设计意图：使学生在垫球的时候可以找好击球点和击球部位，同时要上下肢的协调配合，提高动作的规范性。

（3）抛垫球练习

设计意图：使学生掌握对来球的判断能力，找好时机用正确的技术动作将球垫出。

（4）对垫练习（分层教学）

设计意图：提升垫球的质量，提升垫球的到位率，同时让学生学会两人配合，提高团队合作意识。

（5）垫球穿梭游戏

设计意图：模拟比赛中需要不停跑动的情景，使学生跑动起来，到位后再将球垫出，提高学生的脚步移动能力和对来球的判断。

2. 学生展示和评价

设计意图：为学生提供展示自我的机会，提高学习的展现能力。

3. 素质练习（综合跳跃）

设计意图：通过素质练习发展学生弹跳能力和腿部力量，衔接下节课的技术动作。

（三）结束部分

1. 集合整队

2. 放松练习（肌肉拉伸）

3. 课堂小结

设计意图：在练习之后放松身心，并通过课堂小结来加深学生对于本节课练习内容的印象，让学生知道自己的优缺点，激发他们后续学习的积极性。

八、教学策略

（一）教法

1. 讲解示范法

通过讲解配合示范，学生建立正确的动作表象。

2. 循序渐进法

通过徒手练习、自垫球、抛垫球、对垫球，逐步提升练习难度，学生由浅入深地掌握技术动作。

3. 动作纠错法

通过个别纠错和集体纠错，学生改正错误动作，掌握正确的技术动作。

九、教学效果预计

预计通过本节课的学习，85%的学生能够用正确的动作技术来回对垫球，15%的学生可以完成抛垫球。

预计本次课学生的运动强度为中等负荷，练习密度为35%—45%，最高心率为150次/分钟，平均心率为120次/分钟左右。

十、教学中可能出现的问题及解决预设方法

问题一：学生水平不一。

解决方案：在个别指导过程中要注意因材施教，分层教学。

问题二：两人对垫过程中无法连续完成。

解决方案：指导学生进行一抛一垫练习，提高学生的垫球到位率。

问题三：学生在垫球的时候站得太直。

解决方案：引导学生在垫球时双腿弯曲，用腿部蹬地发力，由下至上地传导力量。

十一、场地、器材

课前准备：排球场、排球40个。

传垫球分组练习结束时，布置体能练习场地。

课程结束后安排学生回收器材。

四、羽毛球运动教学设计

（一）羽毛球教学内容一体化构建

1. 构建基础

构建高中羽毛球教学体系，必须遵循以人为本的理念，根据不同阶段学生的需求与技能情况合理设置羽毛球教学内容（图3-2）。

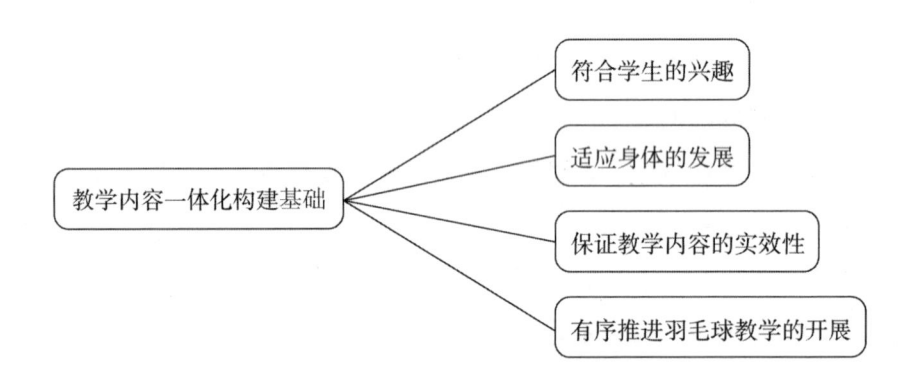

图3-2 教学内容一体化构建基础

（1）符合学生的兴趣。羽毛球教学要顺应学生的天性，适当调整教学内容以顺应学生的需求。从兴趣入手，寻找羽毛球运动与学生之间的兴趣点，通过兴趣点的连接，充分调动学生的积极性，激发学生对羽毛球运动的热爱。

（2）适应身体的发展。羽毛球运动需要身体素质的支撑，如场上移动需要体能的支撑，交叉步运用需要脚踝力量的支撑，扣杀球需要弹跳力和腰腹力量的支撑等，因此针对不同年龄阶段学生的特点需要制定出不同的教学内容，以适应学生的身体发展。

（3）保证教学内容的实效性。学校体育教育以培养学生的运动能力、健康行为和体育品德为目标，在制定教学内容时需将羽毛球重点技术动作进行划分，形成考核动作和非考核动作，对考核动作在教学过程中需要详细解释并投入更多的时间练习，对于"非考核动作"学生掌握即可。羽毛球教学内容要注重教学的时效性，让学生在最短的时间内既能掌握技术要领又能享受运动乐趣，从而培养终身体育的习惯。

（4）有序推进羽毛球教学的开展。教师对每个羽毛球技术动作的难易程度要有深刻的理解，制定由易到难的合理施教步骤，针对不同年龄阶段的学生教授相应的技术动作，并且保证每个阶段的学习有一个成长期和成熟期。比如在教授前场结合后场战术运用时，先让学生练习一段时间的后场吊球、网前搓球，然后让学生练习吊球后直接跑网前的脚步，最后训练后场吊球抢网前搓球的战术，保证教学过程的循序渐进。

2. 构建标准

学校体育的开展影响学生的全面发展，学校体育教学对培养学生运动技能、强健学生体魄和培养学生集体主义、磨炼学生意志品质等方面发挥着重要作用。羽毛球项目容易上手，对场地设施的要求不高，可以根据不同年级灵活安排教学内容，满足高中学生锻炼需求。高中羽毛球教学内容一体化的构建必须满足构建基础和构建标准，以学生身体发展为基础，以培养学生兴趣爱好为原则，以实现教学目标为目的，合理搭建高中羽毛球教学内容一体化体系。

3. 构建优化

（1）降低教学内容的重复性。在选择羽毛球教学教材时，要兼顾教学内容的综合性和个性化，突出各阶段羽毛球教学的特点，针对不同阶段的学生选择不同的教材，防止简单知识无限循环。在实际教学过程中，要注重与学生的交流，可以根据学生掌握的情况适当调整教学内容，帮助学生实现羽毛球水平的提升。

（2）加强羽毛球技战术实践。在羽毛球教学中应该将重心放在技战术的学练上，同时将羽毛球理论知识贯穿于技战术实践中，结合技战术实践穿插理论知识的讲述，这样既提高了学生对理论知识的理解，又满足了学生的实践需求，让学生对理论知识能活学活用。

（3）注重各年龄阶段教学内容的过渡性，提升教学内容的层次性和延续性。教师应掌握各年龄阶段学生的身体特征、心理特征，选择符合学生身心发展水平的教学内容。对刚接触羽毛球运动的学生，要有针对性地做出调整，让教学内容实现"由易到难""由低级到高级"的合理过渡，实现教学内容的层次性和延续性。

（4）重视羽毛球运动在高中学校的开展。学校要注重对羽毛球运动的宣传，让更多的学生了解羽毛球运动的价值和魅力，通过各种活动，鼓励更多的学生参与到羽毛球运动之中。教师要将分层次教学运用于羽毛球教学，选择同质化分组方式，将相同技能水平的学生组织在一起进行有针对性教学，实现高中羽毛球教学内容一体化要求。

（二）羽毛球运动结构化教学设计

1. 特点

结构化包括教学模块间的结构化、模块内的单元结构化、单元内课时的结构化、课时内教学环节内容的结构化，它们共同组成了教学结构系统，每个环节之间以及环节之内具有横向联合的特征，在进行教学设计时需要考虑它们之间的相互作用。高中羽毛球结构化教学设计主要呈现两个特点——纵向贯穿、横向联合，不应只考虑某一部分的结构化。

（1）纵向贯穿

①模块间的结构化。主要是遵循纵向提高递进的原则，强调学生的动作技能发展、知识深入以及学习态度的逐步提升。下一个模块是基于上一个模块的基础的设定，在内容和教学上的要求较之前模块相对提高。每个模块之间是相互连接且逐步递进的关系，在下一个模块教学中依然会对上一个模块的内容进行反复练习与运用。新课标要求10个模块之间的纵向贯穿性，每个模块的学业要求，是阶段性学业质量评价的检验基础。

②单一模块内的单元结构组合。主要是由浅入深地按照运动能力、动作技能学习过程和内容来进行结构化设计。下一个单元是上一个单元的深入，从认识、

掌握和运用的角度进行单元结构组合。

③单元里的课时结构化。课时应该包括单个技术、组合技术和战术，并且教师要在课时中创设对抗与比赛的情境，让学生在这种复杂的情境中不断使用已有的知识与技能去解决问题，培养学生体育学科核心素养。课时的安排也应遵循动作技能学习的规律来综合考虑。

④课时里的结构化。体育与健康的知识与技能是有层次性的，知识与技能有机融合才能促成能力的发展。知识是一切能力的基础，课时里的结构化也具有纵向贯穿性，从知识到体能到技战术学习，最后运用到比赛之中，比赛是对所学的知识与技能的综合运用与体现。

（2）横向联合

模块设计是基于项目的特点，而每一个单元的设计是服务于模块设计，以此类推，每一个课时都服务于单元，教学服务于课时，最终是指向体育与健康课程羽毛球模块的学习。

在每一个小的环节中，也具有横向联合性。每个教学环节都有知识、技能、比赛展示等，三者之间都是相互作用，在同一个教学环节中，具有高度的相关性。

2. 应用策略

依据体育与健康课程羽毛球结构化教学设计的总体思路，在体育课程教学中，需实际考虑模块结构化、单元结构化和课时结构化，保证整个教学的结构性和逻辑性。

（1）单元结构化设计

自上而下整体分解。遵循结构化设计的基本思想，自上而下对整体进行分解。模块课程作为课程模块的教学分支，各有其自身的教学主题。单元教学是在保证模块课程完整的前提下进行分解，应与模块课程所设立的目标纵贯横联，形成一个完整的教学系统。

结构化教学主张培养学生思维能力的发展，是系统性的、整体性的。在日常教学中，由于教学时间的限制，通常把知识点分割成小块，在规定的单位时间内完成教学，这是教学的分割过程。通过多节课的教学，完成最后的收拢过程。例如，依据高中羽毛球的教学目标，将羽毛球教学为三个单元，各单元的教学都是为达到阶段性教学目标所制定，单元之间虽有各自的教学主题，实际是相互联系的，并且教学方向保持一致，保证了模块教学的完整，这就是一个收拢的过程。

进行单元教学设计时，需要明确各单元的教学主题、性质和地位，采用大、小单元结合教学，突出教学重点和难点。依据模块课程目标或运动项目的内在特征，确立单元教学主题。例如，在体育课程教学中，可通过兴趣主导知识学习、运动技能学习、组合技术学习、战术学习等方面进行单元划分。各单元之间相互独立的同时也相互联系，上一单元是下一单元的基础，下一单元是上一单元的发展。需保证单元与模块之间的整体性，各单元之间的层次性和连贯性，以及教学内容的实践性和运用性。

（2）教学内容结构化设计

纵向教学，明确主线，抓点联网。一节课中不能只有技术教学，还应包括步伐、战术、比赛的教学，一节课的教学更多是对学生进行多种技术和组合技术的教学。其中所讲述的步伐、战术、比赛、技术等是每个运动项目中所包含的教学主题。在教学过程中若对某个运动的教学主题进行单独教学，则不具备结构教学观。例如，羽毛球运动包含了技术、战术、步伐、体能等相关零散的主题。

结构化教学在向学生传授各教学主题内容的同时，更加重视各教学主题之间的融合教学，这就是纵向教学。

教学内容通过采用结构化教学设计，遵循"明确主线，抓点联网"的设计理念。其中"主线"指"三个核心素养线"中的运动能力、健康行为和体育品德。教学中，学生所从事的运动就是有关该运动的知识和技能，每节课的运动知识和技能的确定也是依据教材的展示以及学生当前的认知规律来制定的。所以，"明确主线"意指"知识与技能"维度的教学目标，"点"指各运动技能中包含的知识点，应依据模块教学目标、单元教学目标或课时教学目标，合理选择相关的教学主题和知识点进行教学。

（3）教学过程结构化设计

运用情景教学，主张学练结合，实现体育知识和技能的融合教学。结构化教学是一种思维方式，是了解各事物基本要素之间存在的本质关系，掌握事物内在规律和结构的一种教学方法。知识结构，是帮助学生获得知识和技能最有效的方法之一。所以，建构学生知识结构是很有必要的。

教学中，学生学习的每一步都会有一个接受的过程。在教学开始时，应有效刺激学生认知意识，与学生一起罗列为达到本节课教学目标应掌握的知识要点，或厘清模块目标和单元目标之间、单元目标与课时教学内容之间的关系，有目的地引导学生建立知识结构。在后续的学习中，教师应强调联想的作用，为学生提供真实的运动情景，通过当前现象和观点使学生自主地获得知识并形成技能和探究态度的过程，使学生产生一定的联想。通过技术练习、比赛或游戏的方式，能有效地将学生已存在的心理认知转化成新的认知，实现体育知识和技能的融合教学。

下面以高一年级羽毛球后场击高远球展示羽毛球选项教学课的设计。

高一年级羽毛球后场击高远球课的设计

一、指导思想

本课在新课改的教学理念指导下，全面贯彻"健康第一""终身体育"的指导思想，着眼于学生的学习方式，注重学生的实践体悟、自主探究、合作学练，把充分发挥学生的主动性和自主性、创造性作为设计目标，强调学生个性的发展和水平的培养，促进每个学生在理解上、情感上和态度上积极发展，构建一个民主和谐的师生关系，创设宽松、愉快的课堂氛围，引导学生主动获取知识，成为学习的主体。

二、教材分析

羽毛球运动具有球小、速度快、变化多等特点。球网较高，能够在不同水准上锻炼反应力、观察力、应变力、判断力和思维水平，增强身体的灵活性和协调性。在羽毛球运动中击球相对较多，既可提升练习者的速度和耐力，又可在相互对打回合中揣摩对方意图，锻炼心理素质。所以，羽毛球运动具有极大的锻炼价值。本单元共8课时。本课时是第2次课，学习的内容是正手击高远球技术。正手击高远球技术是羽毛球击球技术的基础，在教学中应把重点放在击球点的选择上。

三、学情分析

本班由高一年级学生组成，纪律较好，思想活跃，具有一定的探究水平以及合作学习的基础。虽然学生对羽毛球运动热情很高，但因为学生身体素质差异较大，领悟水平不同，对羽毛球技术的掌握带来很大影响。本课的重点是学生的学法，教师根据学生的特点合理地教，使学生有效地学，以完成本课的教学目标。

四、教学目标

（一）认知目标

学习、了解、认识掌握正手后场击高远球的动作要领，技术特点和健身价值。

（二）技能目标

通过学习，75%的学生能初步掌握正手击高远球的技术动作，25%左右的学生能够独立完成正手击高远球技术，提升上下肢协调配合水平。

（三）体能目标

通过体能训练提高学生的心肺功能，学生增强身体素质，为后续的学习奠定基础。

（四）情感目标

学生明白任何一项新的技能，只要认真学习，认真练习，都能熟练掌握。

五、任务分析

本节课的教学任务是使75%的学生能初步掌握正手击高远球的技术动作，25%左右的学生能够独立完成正手击高远球技术，提升上下肢协调配合水平。教师要发挥主导作用，设置练习方法，采用讲解示范法、动作纠错法，注意分层教学、因材施教。学生要发挥主体作用，在课堂中积极配合以掌握羽毛球正手击高远球的技术动作，最终完成本节课的学习任务。

六、环境分析

本节课的授课地点为校羽毛球场，由于在架空层高度不够，学生击高远球球会撞到天花板，要根据场地的情况掌握好球击球高度。

受到高温日照影响学生学习效果，教师在队列队形设置和练习安排的时候要注意背光，同时要适当降低练习强度，以防学生中暑。

七、教学流程

（一）开始部分（10 分钟）

1. 课堂常规

设计意图：培养学生良好的纪律性，树立尊师重教观念，并让学生明确本次课的学习内容、重难点及目标要求，为后续学习做好铺垫。

2. 准备热身

设计意图：通过热身运动，提高学生的学习热情，防止后续的运动损伤。

（二）基本部分（30 分钟）

1. 讲解示范

教师讲解羽毛球运球正手击高远球动作结构、身体姿势、手臂动作、手脚的协调配合。学生注意观察教师在击球过程中的手形以及击球位置。

2. 学生练习

（1）步伐练习。垫步、并步、跨步。

（2）无球练习。在教师的口令下有节奏地进行原地挥拍练习。

（3）有球练习。两人一组练习正手后场羽毛球击球动作。教师巡回指导、提示要点，点评动作，观察学生练习情况，调整练习内容，调动练习热情。

设计意图：通过讲解示范、步伐练习，学生在打羽毛球的时候能够运用步伐快速地跑到接球的地方。通过无球练习和有球练习，学生能够更快地掌握正手击高远球动作技术。

3. 素质练习（塔巴塔健身操）

开合跳、高抬腿、深蹲、箭步蹲跳、后踢腿、胯下击掌、俯身转体、立卧撑。

设计意图：通过素质练习发展学生身体综合素质，为后续学习做铺垫。

（三）结束部分（5 分钟）

1. 集合整队

2. 放松练习（肌肉拉伸）

3. 课堂小结

设计意图：在练习之后放松身心，并通过课堂小结来加深学生对于本节课练习内容的印象，让学生知道自己的优缺点，激发他们后续学习的积极性。

八、教学策略

（一）教法

1. 讲解示范法

通过讲解配合示范，给学生建立正确的动作表象。

2. 循序渐进法

通过挥拍、无球、有球等练习逐步提升难度，学生由浅入深掌握技术动作。

3. 动作纠错法

通过个别纠错和集体纠错，学生改正错误动作，掌握正确的技术动作。

九、教学效果预计

预计通过本节课的学习，75%的学生能初步掌握正手击高远球的技术动作，25%左右的学生能够独立完成正手击高远球技术，提升上下肢协调配合水平。

预计本次课学生的运动强度为中等负荷，练习密度为35%—45%，最高心率为150次/分钟，平均心率为120次/分钟左右。

十、教学中可能出现的问题及解决预设方法

问题一：学生水平不一。

解决方案：在个别指导过程中要注意因材施教，分层教学。

问题二：击球点不正确。

解决方案：反复做挥拍练习，等动作熟练后靠感觉去击球。

十一、场地、器材

课前准备：羽毛球场6个、羽毛球若干。

高远球分组练习结束时，布置体能练习场地。

课程结束后安排学生回收器材。

五、乒乓球运动教学设计

（一）乒乓球选项课程教学设计

乒乓球选项课程是乒乓球专项化教学的主要形式。通过乒乓球选项教学的实施，学生激发学习乒乓球的积极性，提高乒乓球技术水平，培养终身体育锻炼的能力。

学校为了实施好乒乓球选项教学，可以通过乒乓球社团与俱乐部活动，以校队训练等方式来进一步推动学校乒乓球选项教学的开展。

乒乓球专项化教学形成以专项体育课为主，校队训练、乒乓球社团、乒乓球比赛为辅的一体化专项教学形式。

1. 组织形式

高中体育选项教学的开展，实行了学生自主选项，打破班级界限，采取年级内选班的教学形式。跨班级的乒乓球选项教学，同一教学班的学生会存在身体素质与技术水平上的差异，实施分层教学才能真正体现面向全体学生的教学理念。

班级规模大小与学生学习效益之间有着相当紧密的关系，减小班级规模将产生巨大的教学效益。班级规模的大小对教师的上课效率以及学生学习的效果会产生不同的影响。班级人数越少，每个学生占有的教学资源越多，在教学中教师的教学能力水平也能够得到更多的发挥。

2. 教学内容

乒乓球项目最重要的两个特点是速度快与技巧性强，需要学生身手敏捷、动作协调及柔韧性好。相较于其他项目，乒乓球的技术动作较难掌握，学生练习时间不足会致使基本的技术动作掌握不到位。在选项学习过程中，由于无法体验到乒乓球运动的乐趣，部分学生对乒乓球运动失去兴趣。在乒乓球选项教学中，教学内容要根据学生的不同技能水平进行选择，教学内容的安排要符合学生的技术掌握规律。

（二）乒乓球混合式教学设计

高中乒乓球混合式教学模式以增进中学生身体健康为目的，将传统授课与网络教学混合进行，以提升教学效果，增加课程的吸引力。高中乒乓球课混合式教学从教学资源、教学环境、学习方式、评价方式等进行混合课堂的设计。

1. 前端分析

高中乒乓球课程在应用混合式教学的整个过程，以学生为中心。在教学过程中只有对学生有足够的了解、熟悉，才能更好地因材施教，学生的学习也才会更加有效。

（1）网络学习方式

将网络运用于学习的各个阶段为混合式教学提供了有利的基础条件。作为年轻一代的学生，他们拥有独特的思维习惯，对于新鲜事物的接受速度较快，在学习的过程中有一定自控能力，可以进行相应的自主学习。线上的教学资源可以将他们在课程教学中没掌握环节进行弥补，保证他们学习的进度，在学习技能的整个过程中不会产生较大的差距，避免因学习难度导致厌学情绪。

（2）乒乓球课程分析

乒乓球运动中技巧有很重要的战术地位，原地不动进行击球达不到教学要求，需要根据回球的落点、回球的旋转相应地调整步伐，改变站位以便达到击球准、回球稳的战术要求。

一项体育运动的技术动作要达到自动化的理想效果，需要时间的积累，只有重复练习一定的次数，才能达到巩固甚至"自动化"的程度，完成符合要求的准度和力度。高中体育课讲解动作后，一些学生很难对教授的技术动作理解深入，对于教师教授的技术动作完成难度较大，而且有一定遗忘性。

混合式教学的过程中，学生可以反复观看教师分享的教学内容，逐步形成深刻的动作记忆和良好的技术动作概念。学生在线上学习过程中对于自己的疑难点可以通过平台与教师沟通，使得课上更好进行新授技术与复习技术的衔接，提高上课的效率，优化教学资源，使得乒乓球课程更具吸引力。

（3）混合式教学钉钉教学平台分析

为了更好进行混合式教学，可对钉钉平台进行创造性的模块化建设。下面以课堂教学模块和课后模块这两个导向模块为例进行设计。

课堂教学模块包括同进度的教学视频和相关教学单元理论知识讲解。教学视频中，教师要根据教学计划，录入相应的技术动作视频，并将该视频连带课件一同打包发到钉钉教学平台上，规定学生在一定时间内完成对打包内容的学习。通过教师的视频以及相应的讲解课件，学生形成对所学技术动作的初印象，便于更好地理解教师课上知识教授，提高了课上时间的利用率，为技术动作的练习赢得了时间。

课后模块由讨论模块和课后作业模块组成。学生可以就教师留下的问题自行探索、思考后进行讨论，对于多次出现的共性问题教师可通过该模块及时了解，解答后对于不能解决的问题进行记录并在下节课进行讲解。学生在课后作业模块上传自己完成教师布置作业的视频，对于自己在练习中不理解或没掌握的地方可以在平台上查阅相关资料。

2. 教学方式

为了促进混合式学习的深入开展，学习方式也应跟进改变。为了保障混合式教学效果，学生的课堂学习加入分组合作学习，让自主学习有了更进一步的保障。

乒乓球课程中的混合式教学方式与传统课程的区别在于，教师会提前在钉钉教学平台上发布关于教授技术动作的学习文档以及教学视频。学生按照要求进行线上的学习以及自我的练习，在课堂教学中快速领会动作的重难点以提高技术动作掌握速度。

小组的合作学习使得学生在学习过程中产生良性的合作和交流，让知识的传播更有效，问题的暴露更彻底，在教师的纠错中更能及时地认识问题并努力解决问题。"学""动""乐"充满整个课堂，学生的学习热情持续高涨。

乒乓球混合式教学的线上学习过程使得课程内容变得立体化，提高了学生的学习热情，线下的小组合作学习让学生在练习过程中问题显现快，相互之间也可以交流，提高学习效率。

3. 过程设计

混合式教学中在传统课堂的常规教授中加入网络部分，整个过程变得人性化，促进课堂的通透性，提高课堂教学的智慧性。

（1）教学筹备

教学筹备是先导，充分的筹备是教学质量的保证。教师的筹备工作包括阅览课程教材，制定每节课的教学内容与教学目标，设计课堂教学流程，确定学生评价方式。教师整理设计出课堂教学活动的细则，以及各个教学活动时间的占比，通过钉钉教学平台可告知学生需要自主学习的内容和相应的注意事项。

（2）课前自主学习

课前自主学习阶段，教师要针对教学内容选择合适的教学资源，在钉钉教学平台上发布、学生在学习过程中，针对所要学习乒乓球的技术，将遇到难以解决的问题通过钉钉留言给教师，或通过钉钉与同学进行相应的交流，也可在教师上传的文本资料中寻找答案。

（3）课堂教学

混合式教学环境下教师作为引导者，引导学生进行学习。通过自主学习，学生对于新授内容有一定了解，教师对于学生的疑惑情况也有了一定掌握。教师着重讲解重点、强调难点，组织学生进行课堂练习和分组练习，并进行技术动作的纠错。在课堂对学生进行纠错时用视频记录下来，同时记录能够做出标准示范动作同学的视频，一并上传到钉钉教学平台，让学生观看视频并寻找不足，与优秀学生的示范动作进行比较。课的最后，教师依据混合式教学的评价方式对整个混合式教学课堂中学生的表现进行评价，并做好记录，以便为后续教学进行选取和推送。

（4）课后复习

学生在课下完成教师布置的课后作业，并上传到教学平台，教师检查后进行点评，同时对上传的课上练习视频进行讲解与指正。对于标准规范的技术动作给予表扬说明其优点，对于还没有掌握的动作结合教学视频进行讲解，让学生明白自己如何做到标准的技术动作。学生通过教师的讲解和纠正进行思考和提问，便于在自我练习中改正错误动作。

（5）教学评价

教师根据教学目标对于课上学生的表现进行评价。混合式教学的教学评价是多种教学评价的总和，以传统课堂评价为基础加入形成性和过程性评价，并将学生互评评价延伸到整个混合式课堂的始终。这种评价的方式方法更加全面，更有说服力。

4. 教学评价

（1）评价方式

常规教学评价多以主观评价为主，评价较绝对，对于学习好坏的唯一认证是其考试成绩。此评价可反映一部分学习者的学习状况，对于其他能力涉及较少或无法进行客观有效评估。混合式教学模式的评价多主体、多指标、多手段，将评价的各项功能发挥得更充分，并在终结性评价的基础上加入课前学习的评价、课上练习的评价以及课下的评价等过程化的形成性评价。

（2）评价设计

教学评价是依据教学目标诊断学生在教学过程中的表现情况。混合式教学的教学评价是整个教学过程的关键因素，以学生学习情况为中心，全面更新评价策略，作为教学的反馈可以使教师准确掌握教学状况。

（3）注意事项

①注重评价新载体。混合式教学的特点是加入线上教学，延伸整个评价过程，从学生使用钉钉软件开始，评价就相应开始，并贯穿整个过程。评价的主体包括教师、小组内成员以及学生自身，使得评价更客观。

②拓展评价方式。混合式教学评价方式让形成性评价作为评价的主体，使学生每个阶段的学习情况都在评价的范围内，都能被考量，学生彼此间亦形成良性的竞争。

③评价多维度。传统课堂评价以技术完整程度为标准，混合式教学的评价包括作业的整个过程、自身主动探究情况、小组的团结协作，是对整个学习参与过

程价值的判断。利用多维度的混合式教学的评价方式，感知学生的不同进步，可提高学生学习的积极性，促进学生向素养化方向发展。

④评价的反馈性。通过评价后的反馈信息，把握反馈的数量，改进学生自身的学习状况，结合自我评价和外部评价，指引学生发展。教师通过评价，激励学生进行自身的改正。

下面以高三年级乒乓球正手高吊弧圈球来展示乒乓球选项教学课的教学设计。

高三年级乒乓球正手高吊弧圈球课的设计

一、指导思想

本次课是根据新课标，着眼于学生身心发展与社会适应的要求，以终身体育和主动体育观为指导，以认识规律、动作技能形成的规律和身心负荷规律为理论依据，通过引导、体验、自我展示、互相评价等教学过程，以达到对运动技能的掌握，变"学会"为"会学"，由被动学习向主动学习方向发展。同时，培养学生兴趣以合作进取的良好氛围，追求"懂、会、乐、助、学"的教学效果。

二、教材分析

乒乓球是"国球"，有着广大的群众基础、完善的乒乓球设施，并且随着我国乒乓健儿一次又一次在奥运会、世锦赛等各种国际大赛上夺得冠军，人们对乒乓球这项运动的期望值更是达到了前所未有的程度。课上，应让学生在学习中和游戏中体会乒乓球的魅力。

教学重点：高吊弧圈球技术动作的规范性。

教学难点：手腕、手臂的协调发力。

三、学情分析

本次课的授课对象为高中三年级乒乓球运动选修班的学生。高中生的思维能力和体育实践能力得到了一定的发展，部分学生已经有一定的乒乓球运动的技术技能素养，对乒乓球运动也产生了一定的兴趣。但他们所掌握的乒乓球技术技能存在着一定的差异,并没有系统地进行乒乓球学习和训练。本次课采取理论知识和运动技能有机相结合的形式,教学中以学生体验与探究为主线,以掌握和运用运动技能为特点,确保学生的主体地位。教师采用导学、导思、导练的方法,调动学生参与体育学习积极性,让学生通过探索(观察)—研究(思维)—运用(迁移)的学习思维活动过程,达到掌握动作技术技能,实现重点突破和难点化解,从而提高课堂教学效果。

四、教学目标

根据教材特点和学生学习能力及身心特点制定以下四个目标。

(一) 认知目标

学习乒乓球正手高吊弧圈球,掌握动作要领。

(二) 技能目标

60%的学生能够基本掌握高吊弧圈球,40%的学生能够熟练掌握正确的正手高吊弧圈球。

(三) 体能目标

通过教学,学生发展灵敏、速度、反应等体能,提高学生锻炼体能的能力。

(四) 情感目标

通过学习,学生培养对乒乓球的兴趣,养成体育锻炼的习惯。

五、任务分析

本课的教学任务是力争60%的学生能够基本掌握高吊弧圈球,40%的学生能够熟练掌握正确的正手高吊弧圈球。教师要发挥好教学主导作用,设置教学情境,采用讲解示范法、分层教学法,因材施教。学生要发挥主体作用,运用小组合作交流和探究学习来掌握本次课的目标,最终完成本课的学习任务。

六、环境分析

本课的授课地点是地下乒乓球场,旁边同时有多个班级上羽毛球课、篮球课,容易受到多个班级同时上课的影响,因此,教师要充分利用场地,合理安排,尽量避开其他班级,减少班级教学间相互影响,提高课堂教学的有效率。

本课的授课地点场地小班级多,在热身时多个班级同时进行,需要注意跑动热身时的路线以免耽误上课时间。

七、教学流程设计与意图

(一) 开始部分 (约10分钟)

1. 课堂常规

设计意图：加强常规教育，养成好的课堂习惯。

2. 课堂导入

师生互动，教师提问："通过上次一课的学习，如何在练习中让高吊弧圈球能打出又高又旋？"

设计意图：通过师生互动，提高学生学习的热情和积极性，引入本节课教学内容。

3. 热身

(1) 反应练习：听教师口令做出相应的动作。

(2) 徒手操：教师带领完成热身。

设计意图：通过热身活动学生身心，预防运动损伤，为接下来的课堂教学做好身体上的准备。

(二) 学习提高部分 (约30分钟)

考虑到学生本身的特点，通过持拍做热身操进一步增强学生的球性、球感，提高练习的积极性。遵循"诱思探究"的教学理念，重视学生的尝试体验，通过设疑 (比赛中哪一种技术方法最容易得分) ——讨论——提出课题 (高吊弧圈球技术) ——模仿学练——分组学练——实战应用来完成本课的教学。在学练过程中，考虑到学生的个体差异，安排学生选择不同力量击球练习，加强学生对动作技术的掌握。

(三) 整理恢复部分 (约5分钟)

1. 整理放松运动

2. 教师总结

3. 布置作业及收拾器材

设计意图：学生跟随教师做放松练习，既达到放松目的，又发展了学生的形体美。布置课后作业，让学生进一步学习正手高吊弧圈球。

八、教学策略

（一）教法

1. 讲解示范法

讲解示范后学生模仿练习，引导学生带着问题进行练习。

2. 动作纠错法

纠正学生集体易犯错误动作。

3. 合作学习法

通过合作练习，同学们共同进步学习。

（二）学法

1. 循环练习法

设置练习，组织学生循环练习。

2. 体验练习法

通过体验练习，感受不同技术动作。

九、教学效果预计

预计通过本课学习，60%的学生能够基本掌握正手高吊弧圈球，40%的学生能够熟练掌握正确的正手高吊弧圈球。

预计本课学生运动强度为中等，安静心率60—70次/分，最高心率165次/分，平均心率140次/分，练习密度30%—50%。

十、教学中可能出现的问题及解决预设方法

问题一：学生水平参差不齐。

解决办法：教学中，应区别对待，因材施教。

问题二：击球部位不正确。

解决办法：多做原地自抛自推练习，强调击球时的位置。

问题三：上下肢配合不协调。

解决办法：多做徒手练习，感受上下肢配合，强调上下肢同时发力。

十一、场地、器材

课前准备：乒乓球场、球拍和球若干个。

分组练习结束时，布置体能练习场地。

课程结束后安排学生回收器材。

第五节　健美操类运动教学设计

一、高中健美操选项教学设计

（一）健美操教学中的核心素养要求

在高中开展健美操教学，一方面能够促进学生身体的放松；另一方面能够有效缓解学生由学习带来的心理压力，使其能够在紧张的学习中放松身心。教师在教学中要贯彻和实现"立德树人"根本任务，以"健康第一"为指导思想，高度重视培养学生的体育学科核心素养，关注多种内容和方法的整合，在教学中融合与学生成长相关的健康教育知识和方法，注重学科德育，注重学生健康与安全意识的培养以及良好生活方式的形成。

依据体育核心素养，对于健身健美操提出相应的要求，主要包括：了解健身健美操的基本动作原理和健美操在改善身体健康和培养体育道德中的作用；领会并掌握运用健身健美操练习的安全知识和方法，学生需要在身体的各个部位做出正确的身体姿态、基本动作和基本步伐等；形成健身健美操的乐感，在音乐伴奏下，要求保持正确的身体姿态与平衡，掌握健身健美操的基本动作以及身体控制与重心移动技术；观看高水平健身健美操比赛，建立对健身健美操项目的正确表象，并作出简要的评价。

（二）健美操教学中的核心素养培养策略

学生体育核心素养的培养是一项系统的长期工程。体育学科核心素养中运能力、健康行为、体育品德三个方面是相互促进、相互联系的，在培养学生的核心素养时是无法分开逐个培养的，健美操教学核心素养的培养无法离开健美操课程和核心素养理论上的支撑。因此，学校需要制定培养切实可行的策略。

1. 健美操教学设计优化

（1）建立以围绕核心素养为导向的分段教学目标

健美操教学应紧紧围绕以体育学科核心素养为指导，就健身健美操培养目标进行制定，并且把教学目标恰如其分融入课堂之中。

在以往的教学中教师往往会在学期初制定学期教学进度，而后制定单元教学计划，并在教学中将每学期的教学进度划分阶段，形成学期—阶段—单元目标的制定。将阶段分为前期阶段、中期阶段、后期阶段，具体如何划分教师可根据学生对前一时期内容的掌握情况而定。在前期阶段，教学目标的设计应注重学生对健美操知识的了解以及激发学生学习健美操的兴趣，同时培养乐感，锻炼相应的健美操基本技术动作，并在课中渗透与健美操相关的体育健康知识。

进入中期阶段，基本的健美操运动能力大多数学生在这个阶段已经基本掌握，制定教学目标时便可作出相应更改，在原有目标基础上将教学目标重心转移至运动能力的培养，逐步训练学生动作的规范性、健美操的队列及队形训练，注重培养学生相互协作的能力和不怕苦难、克服困难的精神。

进入后期阶段，在教学中便以培养学生创编健美操的能力和对健美操规则运用以及对健美操欣赏能力为主要目标，培养学生的创新能力，以及对一学期所学知识的融会贯通的应用能力。在制定目标时坚持整体目标的科学性与各阶段的可执行性相统一，并在每一阶段加入重点目标，更可以体现出目标的延续性和适时性。

（2）体育核心素养指导下的教学内容设置

教学内容的选择与设置直接关系到教学目标的实现。在这个信息化的时代，学生的眼睛是可以看向世界的，教师应在遵循科学性的前提下选择符合时代潮流、具有趣味性、学生乐于接受的健美操。健美操教学内容应丰富化，将理论知识与实践内容相结合，在教学中加入健美操发展史、比赛战术、比赛流程与规则等方面的教学内容并全面渗透健康知识及体育品德知识，实现课内外结合，进一步引导和发展学生的体育学科核心素养，形成终身体育的好习惯。

（3）多样性高效教学方法的选择

教学方法包含教师的教法和学生的学法，要根据教学目的和任务、课程特点以及学生特征选择适当的教学方法，在进行教学时还要时刻遵循教学原则。

在健美操教学中，要打破接受式学习的传统，充分体现出学生的主动性，激发学生学习兴趣，培养学生内在需求，使学生做出从"要我学"到"我要学"的转变。在理论教学过程中，利用学生感兴趣的问题，有针对性地进行课堂内容导入，一方面增加学生的学习积极性，使学生积极主动地投入课堂的学习中；另一方面，可以培养学生善于探索、获得真知的品质。

（4）建立全面性多元化评价机制

教学评价是反映教师的教学质量和学生学习结果的重要手段，具有诊断、激励和调节作用，完善的教学评价体系能够全面客观地反映出教学活动中存在的问题和学生核心素养培养的综合水平。

①采取诊断性评价、过程性评价和终结性评价相结合进行综合评价方法。考核内容的设置应该避免出现以单纯依据健美操动作完成程度的单一性评价，应该围绕核心素养综合评价，如在学习过程中的学习态度、创新能力、合作能力、社会适应能力以及终身学习能力的评价。

②考核方式应多样化。例如，对于健美操技能方面可以采用实践的方式进行考核，对于健美操相关理论知识可以利用书面考试、口头表述的方式进行考核；对于体育品德、健康行为方面的内容可以通过课堂观察的形式进行考察；此外，也可让学生参与其中，从多方面、多角度对同学进行合理的考核和评价，培养学生日常的观察能力。在课堂教学评价上，学校及教育相关部门应建立健全课堂教学监督管理体系，对课堂教学进行监督检查与综合评价，促进课堂教学高质量完成。在教师评价方面，可采用领导评价、同事评价、学生评价、自我评价相结合的方式，以不记名方式保证评价的公正性。

全面性、多元化的评价方式不仅能全面客观地反映出学生的学习效果，也能在一定程度上让学生感觉到人性化和公平性，进而提高学生学习和教师教学的积极性。

2. 健美操课堂教学实施

教师在进行体育教学设计时紧密围绕体育学科核心素养，是有效培养学生核心素养的前提与保障。该怎么样培养学生，主要体现在教师的专业素质和课堂教学设计的实施上。

体育课堂上，教师要创设一个以安全为前提的学习锻炼环境，进而展开一场教师和学生之间互动的教学。学生是知识的接收者，因此在设计教学的时候教师要充分从学生的立场出发，在一节体育课上将运动技能、健康行为、体育品德进行合理融合，使学生在身体素质得到锻炼的同时，健美操技能、健美操比赛规则以及相应的体育道德都得到提升。健美操教师要合理利用课堂时间，让学生充分得到练习，课上再合理安排一些多变的情境来渗透德育内容和健美操理论知识，如此一来，健美操教学内容便会潜移默化地对学生的情感、意志、态度等产生综合的影响，从而达成良好的培养体育核心素养的效果。

在多变的情景设置中，学生也会表现出高涨的热情和兴趣，学生的健康行为与体育品德会随着运动能力的提高稳步向前，与此同时，学生的学习能力和理解能力也会随着不同情境的演变而从不同方面进行深化。

3. 提高健美操教师的自身专业能力与素养

随着中国学生发展核心素养在教学改革中核心地位的确立，核心素养越来越被教育界重视，如今的教学已经从素质教育时代走进了培养学生核心素养的时代。中国学生发展核心素养模型的构建不仅指出了学生学习的方向，也为学生提供了成为21世纪新型人才的动力，同时也为教师的教学提供了目标，为教师应该教会学生拥有什么样的能力提供了依据。因此，时代对体育教师也提出了新的要求，体育教师要明确体育学科核心素养概念，精通体育教学实践。

健美操教师有必要提高对体育学科核心素养的关注度，尽可能多参加体育学科核心素养相关的培训、讲座、论坛等活动，提高自己的体育科研能力；在教学中认真钻研体育学科核心素养标准要求，结合学情和现有体育资源在教学设计、课堂教学及课后评价三方面进一步研究体育核心素养在教学中的具体实施办法，制定有效的对策与方法。同时，教师还应不断加强自身的专业能力，丰富专业知识，根据学生的需要和社会的潮流，及时更新健美操动作，增强人民教师的责任心和使命感。

下面以高三年级校园花球啦啦操示范套路（青年组）来展示健美操选项教学课的设计。

高三年级校园花球啦啦操示范套路（青年组）课的设计

一、指导思想

坚持以"健康第一"为指导思想，依据新课标，构建"以学生为主体"的教学模式，注重激发学生学习兴趣，采用富有吸引力的教学手段，包括分解示范法、正面示范法、镜面示范法、小组合作法等，关注个体差异与不同需求，确保每位学生受益。教师通过本课校园花球啦啦操示范套路（青年组）动作技术学习，让不同水平的学生都能学到花球啦啦操的知识和技能，提高运动能力、肢体协调能力及对音乐节奏的掌控能力，形成健康行为，养成良好的体育品德，使学生达成体育核心素养。

二、教材分析

大学组（青年组）花球示范套路是全国校园啦啦操示范套路中的教学内容之一，是啦啦操示范套路的基本技术之一。啦啦操是一项深受广大群众喜爱、普及性极强的，集体操、舞蹈、音乐、健身、娱乐于一体的体育项目，也是一项多人的集体项目。高三年级学生在高一高二已经系统地学习过第二套全国花球啦啦操示范套路、中学组校园大课间示范套路、第二套全国花球啦啦操规定套路等一系列啦啦操动作，是在这些基础上学习青年组的花球啦啦操示范套路。通过对啦啦操手位、动作、音乐节奏的掌控和学习，学生能够较好地发展柔韧、灵敏等身体素质，促进形态美和自信心的发展，提高啦啦操运动技能，为以后学习各种啦啦操的套路、舞蹈操的动作奠定良好的基础。本单元计划6课时，本课时为第3次课，是整个啦啦示范套路学习的中间环节，要让学生加深手位、动作、音乐节奏的相关概念。

教学重点：手位准确、短促有力、路线正确、节奏正确。

教学难点：手位准确、短促有力、啦啦操动作与音乐的一致性。

三、学情分析

本课教学对象是高三年级学生，他们正处于学习能力较强的一段时期，有高一高二啦啦操学习奠定的基础，善于学习和思考，但是对新的啦啦操技术动作的学习和运用能力不稳定，很容易反复出现节奏掌控不准确情况，所以应该多做些聆听音乐节奏以及口令下练习动作。他们在高一高二阶段有接触过啦啦操运动，但是对于新的青年组的花球啦啦操示范套路概念模糊，70%—80%的学生对手位的掌握还不够精准，动作发力不够准确到位，飘散无力，节奏掌握不到位。教师要解决类似的问题就必须从基础练习入手。首先，可利用口令练习，手持花球或小哑铃、矿泉水瓶等有小重量的物品来使学生充分体会啦啦操手位短促发力的特点。其次，可利用适当的素质练习，来锻炼学生的腰腹力量及下肢力量，加强学生的核心力量，以此解决动作飘散无力的问题。教学中要充分发挥学生学习的主体性，落实学生学习的主体地位，通过多样化的教学手段，引起学生的好奇心，不断激发学生学习的兴趣，调动他们主动练习的积极性，从而使学生在练习中感受到啦啦操运动的乐趣，进而能熟练地掌握动作，在快节奏的音乐节奏下也能准确做出啦啦操的手位动作，使上下肢配合协调。本节课继续复习青年组花球啦啦操示范套路的前三部分节拍动作技术，并学习新的两个八拍节拍动作，以音乐节奏练习为主、口令节奏练习为辅加以巩固。

四、教学目标

根据教材特点和学生学习能力及身心特点制定以下四个目标。

（一）认知目标

通过本次课的学习了解花球啦啦操的韵律节奏和发力特点。

（二）技能目标

通过学习，80%的学生能够在音乐的伴奏下较为连贯地独立完成第四段第一个2×8拍动作，做到路线正确、手位正确；20%的学生能够在教师的口令节奏下完成前三部分加第四段第一个2×8拍动作，做到路线正确、手位正确；全部学生能够在音乐伴奏下做好基础手位。

（三）体能目标

通过素质练习，锻炼学生的下肢力量及四肢协调性。

（四）情感目标

通过小组练习培养学生间互帮互助，学生提高自主能力和人际交往能力，感受音乐的节奏，体会音乐带来的快乐，缓解学习压力。

五、任务分析

本课的教学任务是力争80%左右的学生能掌握青年组花球啦啦操第四段第一个2×8拍的动作要领、练习方法及锻炼价值，50%左右的学生能够在音乐节奏下完成前三部分加第四段第一个2×8拍动作。教师要发挥好教学主导作用，设置教学情境，将讲解示范法、背面示法和镜面示法相结合，首先通过口令完成两个八拍中一些精准复杂的手位练习，接着再引导学生在口令下练习相应的下肢动作，然后上下肢配合在教师口令下完成连贯动作的学习，最后将两个八拍的动作加上音乐节奏反复连贯练习。教师通过这样循序渐进、分层教学的练习方法来完成相应的教学任务，使学生更好地掌握动作技术。

六、环境分析

本课的授课地点是健美操馆，因为是室内场地，不易受到其他班级的影响，学生的注意力更容易集中。因此，教师在教学时要充分利用场地优势，教学方法明确，教学逻辑清晰。利用音乐吸引学生注意力，提高学生上课的兴趣和积极性，从而提高课堂教学的有效率。

教师在教学中对场地布置和队形队列的设置安排应注意学生散开集合，同时减少队伍调动的时间，以免影响学生的教学观察和练习，提高学生的学习有效性。

七、教学流程设计与意图

（一）开始部分（约10分钟）

1. 课堂常规

设计意图：加强常规教育，养成好的课堂习惯。

2. 音乐热身

跳音乐热身操，在音乐节奏和教师带领下完成热身。

设计意图：通过音乐热身代替基础热身，增加趣味性，活动学生身心，预防运动损伤，为接下来的课堂教学做好身体上的准备。

（二）学习提高部分（约30分钟）

1. 教师进行讲解与示范

设计意图：让学生进一步建立动作表象。

2. 学习第四段第一个2×8拍动作

设计意图：通过新动作的学习，学生掌握本节课的教学内容，从而达到本次课的学习目标。

3. 复习前三段动作（口令练习）

设计意图：前三段动作的复习，既能巩固前面动作，加深学生的动作记忆，又能使学生更快进入学习状态，学习接下来的新内容。

4. 复习前三段动作（细致完善学生遗忘较多且较重要的部分）

设计意图：教师在口令练习中观察学生在前三部分遗忘较多的动作，重点练习，重点记忆（如第一段第四个1×8拍，慢动作慢口令强调一拍一动）。

5. 展示与评价（分组展示）

设计意图：为学生提供展示自己才能、水平和个性的机会，通过小组练习，突出学生的主体地位，让学生学会自评和互评。

6. 体能练习（Tabata音乐素质练习）

设计意图：发展学生下肢力量，服务主教材，衔接下节课内容。

（三）整理恢复部分（约5分钟）

1. 把杆压腿，随音乐放松身心

2. 教师总结

3. 布置作业及收拾器材

设计意图：在优美的音乐声中，学生跟随教师做放松练习，既达到放松目的，又发展了学生的形体美。布置课后作业，让学生进一步学习记忆花球啦啦操新动作的手位及聆听音乐节奏。

八、教学策略

（一）教法

1. 讲解示范法

通过引导学生思考，教师示范动作并讲解，给学生建立正确的动作表象。

2. 循序渐进法

通过口令练习、音乐节奏下练习、分组练习等，学生由浅入深地体会技术要领，进而掌握动作技能。

3. 动作纠错法

通过集体纠错，学生纠正易犯错误动作。通过个别纠错，个别学生改正存在的问题，提高动作的规范性。

（二）学法

1. 模仿练习法

通过教师的正面示范和背面示范，学生进行动作的模仿，提高动作的学习效率。

2. 小组学习法

学生分成若干个小组进行学习，不仅体现出分层教学的教学方法，还能让学生在练习中相互学习，互相纠错。

3. 分层练习法

教师通过观察学生的练习情况，挑选出动作完成较好的学生，进一步地将动作从开始到新授的动作进行队形创编或指导其他同学进行动作的学习。

九、教学效果预计

预计通过本课学习，学生能了解花球啦啦操的韵律节奏和发力特点；80%的学生能够在音乐的伴奏下较为连贯地独立完成第四段的第一个2×8拍动作，做到路线正确、手位正确；20%的学生能够在教师的口令节奏下完成前三段及第四段第一个2×8拍动作，做到路线正确、手位正确。通过素质练习，学生锻炼下肢力量及四肢协调性。在学习中提高学生的自主能力和人际交往能力，让学生感受音乐的节奏，体会音乐带来的快乐，缓解学习压力。

预计本课学生运动强度为中等，练习密度70%，平均心率130次/分左右。

十、教学中可能出现的问题及解决预设方法

问题一：学生水平参差不齐。

解决办法：教学中，应区别对待，因材施教。

问题二：手位动作不正确。

解决办法：多做手位练习，强调手臂的路线位置，拳眼的朝向。

问题三：掌控不好音乐节奏，抢拍或慢拍。

解决办法：教师根据音乐念出相应口令，强调重拍节奏，加强学生对节奏的掌控。

问题四：学生对学习内容不感兴趣。

解决办法：通过视频导入、小组展示等方法提高学生的学习兴趣，将学生动作中的易犯错误用手机拍摄下来，反复观看加以纠正。

十一、场地、器材

课前准备：海绵垫4片、多媒体设备1套。

传切配合练习结束时，布置体能练习场地。

课程结束后安排学生回收器材。

第六节　微课辅助教学实验设计

微课早已应用到教育领域各个学科当中，在体育学科也有较多的实践和研究。体育微课辅助教学有助于促进学生运动能力、健康行为、体育品德三方面的培养。

体育微课中将动作进行慢速播放，将动作一帧一帧定格等呈现形式，可以清楚地展现动作的细节，使学生快速形成正确的动作表象与正确的动作概念。体育微课作为辅助教学时，学生在课堂上能够迅速反应过来，教师可以对不同基础、能力的学生更有针对性地进行指导，这些对技能的形成起促进作用，从而提高了课堂效率。

一、体育微课与体育健康学科的融合

体育学科核心素养由运动能力、健康行为、体育品德三方面构成。学生运动能力的发展需要经历由运动技术、运动技能再到运动能力三个阶段才能逐步形成而这三个阶段也只有通过"学、练、赛"（即"学技术、练技能、赛能力"）三步骤方能达成。换句话说，要想最后能达到赛出能力，就必须将技术学会、技能练好。此时，体育微课的作用就突显出来了，课外闲暇时间利用体育微课进行课前学习，学生可以对动作技术具有一定的了解，从而更容易建立正确的动作概念，为后续的练习打下基础，能够在课堂上向运动技能的掌握顺利迈进，并逐步形成运动能力。

普通高中体育与健康教科书中关于培养健康行为和体育品德的教学建议中也提到，教师可以合理利用现代化信息技术手段，将信息技术与教学进行深度融合，改变知识呈现方式，比如多媒体、电子白板、微课等作为教学辅助运用到课堂教学中，通过结合生动、鲜活事例，激励并培养学生健康行为和体育品德的形成。体育微课通过点滴积累，潜移默化地影响学生健康行为与体育品德。通过体育微课进行辅助教学，教师在课堂上可以留出更多时间与学生进行交流，在交流过程中对学生健康行为与体育品德进行引导、纠正，进而促进学生健康行为的养成，加深学生体育品德的培养。

二、体育微课辅助教学的教学方法确定

基于体育学科核心素养下的体育微课辅助教学，主要应用于课前进行的自主学习。

（一）课前知识传递阶段

每周末将制作好的体育微课视频、微习题与反馈上传到网络平台上，学生利

用闲暇时间进行观看学习并且完成学习反馈。

(二) 课中知识内化阶段

教师根据学生观看后的反馈结果进行精准教学，能力稍强的学生已经能够建立起正确的动作概念，可以带领其他同学进行组内动作技术交流与互帮，此刻教师观察学生练习情况并参与学生的交流讨论。学生一一进行展示时，教师将学生动作拍摄下来，同时在此过程中发现学生存在错误动作，采用一对一方式进行纠正与指导。

(三) 课后自查阶段

将剪辑好的学生展示视频传到平台，让学生通过观看优秀作品，自主查找错误动作，为下节课能够更好地纠正同伴与自己的动作打下基础。

三、体育微课辅助教学的优化策略

(一) 体育微课辅助教学的优势

第一，采用微课辅助教学能使学生在体能状况方面取得更好的效果。

第二，采用微课辅助教学能够更好地促进学生专项运动技能（体操）的掌握与提高。

第三，采用微课辅助教学能够更好地促进学生锻炼意识与习惯的养成，促进环境的适应，促进健康知识的掌握和运用。

第四，采用微课辅助教学能够对学生体育精神的塑造以及学生体育品格培养起到潜移默化的影响。

第五，采用微课辅助教学，对于教学经验较少、管理经验缺失的年轻教师帮助尤大，可以一定程度上弥补年轻教师在教学经验方面的不足，帮助年轻教师提高课堂效率，形成高效课堂。

（二）体育微课辅助教学的优化建议

第一，加强教师制作体育微课的培训力度，强化体育微课的推广力度，形成分门别类的资源库，供广大教师相互借鉴、相互学习。

第二，体育教师应主动参与体育微课的制作，并积极将微课作为教学辅助应用到教学中。主动强化对体育学科核心素养的学习，加强对体育学科核心素养的理解，有助于设计出更加符合培育学生体育学科核心素养要求的体育微课。在进行体育微课辅助教学时，注重以提升学生体育学科核心素养的目的为出发点。

第三，教师在体育微课设计时应多思考、多研究，思考如何才能将运动能力、健康行为、体育品德更好地渗透到体育微课设计中，让学生在乐于观看学习的基础上，更好地建立正确运动技术概念、培养学生良好的健康行为、塑造学生优良的体育品德。教师的引领与示范作用是学生在运动能力、健康行为、体育品德三方面理解更为深刻与持久的前提保证。

第四，体育教师在进行微课辅助教学的同时，还应该持续关注学生的体能状况，将体能作为每学年的必修内容加入课程，以便进行长期的培养与提升。

第四章

核心素养导向的高中体育与健康教学评价设计

第一节 体育教学评价概述

一、体育教学评价的基本特性

体育教学评价就是对体育教学活动动态过程进行的价值评定，它是整个体育教学活动中的必要环节，是构成有效整体的有机部分。

体育教学评价具有判断和调控功能，是基于信息的判定和反馈基础上对体育教学活动各环节进行及时有效的调控，是保证教学活动实现体育教学目标的功能。体育教学评价是指根据体育教育目标，运用教学评价理论及评价方法，科学系统地对体育教学相关信息进行收集和处理，对教学活动过程及教学成果等进行客观描述及价值判断的过程。

科学全面的体育教学评价会激发教师和学生的主观能动性，促进教师教学水平和质量的提高，促进学生体育学习的进步，推进学校体育教学的发展，进而实现体育教学价值的增值目的。体育教学评价不仅对体育教学管理和决策具有重要的作用，而且对体育教育事业的发展和改革起着至关重要的作用。

（一）决策性

体育教学评价作为教学评价在具体学科中的应用，同样具有教学评价所呈现的功能，也就是具有导向功能、协调功能、激励功能以及控制功能等特性。体育教学评价的决策性主要体现在基于各种信息收集的基础上，对教学现状与教学目标完成程度进行的综合评判后的教学活动决策。如体育教师可以根据对教学评价后反馈的信息，做出对教学形式、方法进行调整及改进的较为准确的决策，确保体育教学实现预期目标，达到最佳效果，促进教师提高教学水平，增强体育意识。学生能够根据教学评价的反馈信息，做出对自己的学习方法、体育成绩及教学方式方法的感受等方面更为合理有效的决策，从而增强学生的身心素质。

（二）客观性

体育教学评价的目的在于展现体育教育的真正价值，增强教师和学生的体育精神。体育教学评价指标一定要遵循客观性准则，才能达到有效的评价结果。因此，在体育教学评价指标体系构建过程中，需遵循全面性原则、预测性原则及具体性原则。体育教学评价指标既要全面地反映体育教学活动的状态及其效果，还要具体而明确地反映某一环节的运行状况。与此同时，也要保障体育教学评价过程的客观性，通过实施测量或较客观的评价方法确保评价中各环节的精确化，从而客观地进行评价。

（三）有序性

体育教学评价过程是按照一定的程序进行的，评价具有有序性，即依次经过评价的计划、评价的实施、评价的检查及评价的总结四个阶段。

体育教学评价的计划阶段就是要制订好评价方案。系统合理的评价方案是开展评价工作的依据，能够准确地反映评价工作的决策性。

体育教学评价的实施阶段就是要开展具体的组织活动，对教学评价的相关信息进行收集和整理。

体育教学评价的检查阶段就是对方案执行状况进行监测，及时调整评价目标的行为，促进评价工作顺利开展。

体育教学评价的总结阶段就是要根据对评价信息的衡量和反映，提出体育教学评价的结论。

（四）即时性

体育教学评价在实施过程中，呈现出即时性的特征，这特征贯穿于体育教学的整个过程中，能够实时地关注并评判体育教师和学生的状态及他们的行为。体育教师的教学行为通过外显性影响着学生的体育学习行为及状态；而学生的体育学习行为通过其自身的外显性和即时性，将学生的状况及时反馈给体育教师。

体育教学评价的即时性，有利于教师和学生及时了解对方的情况，影响教师和学生的良性评价，从而促进体育教学评价发挥激励作用。

二、体育教学评价的方法类型

体育教学评价是在经历了一系列体育教育发展及改革基础上产生的，是现代体育教育的产物，教学评价因评价主体的不同而选择不同的评价方法。

（一）单项评价与综合评价

根据内容，体育教学评价可分为单项评价和综合评价两种模式。单项评价模式就是对体育教学活动的某一环节或某一部分展开的评价，如评价学生的技能掌握情况、学生体育知识成绩等。综合评价就是指系统而完整的评价体育教学活动的整个过程，如学校实施体育教学质量的评定，开展学生学习成绩或效果的评定。

体育教学的综合评价和单项评价属于整体和局部的关系，体育教学综合评价以局部的单项评价作为组成部分，综合性评价从整体上进行的考量有助于更好地理解和明晰体育教学单项评价结果。因此，体育教学评价中，要根据实际需要合理运用这两种评价模式。

（二）对学生的评价与对教师的评价

根据体育教学过程中参与主体的不同，体育教学评价可分为对学生的评价和对教师的评价。体育教学活动的主体——学生的学习行为及成绩最能集中的体现教学的效果和教学的水平。体育教师作为教学活动顺利开展的教授者，教学活动的主导者，其教学行为则最能集中反映体育教学状态及教学过程。

因此，体育教学评价的重点内容，就是对学生和教师在教学活动中的行为及表现所进行的评定。

（三）客观评价与主观评价、定性评价与定量评价

根据评价运用方式，体育教学评价可以分为客观和主观两种评价模式。客观

性评价就是通过收集资料而进行客观的测量及测验的评价，主观评价就是通过评价者的听课及谈话等主观体验做出的一种评价。从评价得到的结果看，又可以将体育教学评价方式分为定量和定性两种评价方式。体育教学评价虽然分为不同的模式，但在实际应用中，往往是将几种不同的评价方式结合起来使用，使得评价效果更佳。因此，要将主观评价与客观评价、定性评价与定量评价相结合。

（四）绝对评价与相对评价

从评价标准上看，评价方式分为绝对和相对两种评价模式。绝对评价模式是指不考虑评价群体现状的条件下，将个体与标准进行比较，让个体明白与目标之间的差异。相对评价模式是指基于评价群体现在的状况及确定的标准，对群体中的个体与确定的标准进行比较。

这两种评价的标准在本质上是存在很大差别的。绝对评价模式是一种教育测定性上的差异，体现的是测定被评价群体的教学活动实践对达到所设定目标的实现程度。相对评价模式属于一种心理测定性上的差异，体现的是个体之间的差异，是一种稳定性的分布状态。

三、体育教学评价的内容和范围

体育教学评价的构成内容和范围极其广泛。在体育教学评价过程中，根据需求不同，评价的内容和范围也不同。根据学界对体育教学的研究状况，体育教学评价的内容和范围可分为以下三个方面：

（一）对体育教学结果的评价

体育教学评价的内容涵盖范围广，对教学结果进行的评价是其中最重要的。这种对结果进行的评价属于总结性评价范畴，强调对学生学习结果的评价，例如学生对体育知识、运动技能的掌握程度以及提高程度，学生的体育能力及其发展程度等。体育教学结果的评价能够从整体上了解和掌握教学水平，并对教学任务与目标的完成程度进行判定与评价。

因此，开展体育教学结果的评价是非常有必要且重要的。要注意，对教学结果的评价只是一方面，它仅仅是对体育教学水平和质量的一种反映，并不能较为全面而及时地反映体育教学过程的状况，尤其是不能对教学变动状态及相关信息进行反映，也不能进行及时的体育教学活动的调整和改进。

（二）对体育教师教学状态与行为的评价

对体育教师教学状态和行为进行的评价是动态的，并伴随着体育教学的整个过程，因此是全面而及时的。体育教师的教学行为是丰富多样的，从体育教学环节来讲，具体包括体育课程的准备、体育课堂讲解过程、学生学习成绩等。因为不同教学环节表现出的状态和行为不同，所以不同环节体育教学评价的侧重点就有差别。以体育课程的准备为例，评价体育教师的备课行为就主要考察教师对教材的熟悉程度和研究程度，以及基于对学生的深入了解，科学合理地设计体育教学的目标、方法、内容等，从而形成完整的、全面的教学方案。评价教学课程主要考察教学目的的明确程度，教学内容的准确情况，教学方法的合理性及恰当程度，以及对学生积极性、主动性的调动作用等教学的效果与目标达成程度。

与此同时，教学课堂的评价中也考查学生对体育知识的运用，体育实践中对具体运动技能的掌握，以及体育教师课程上对学生状态和行为评价的及时性、恰当性，对学生学习过程中给予指导和帮助。对体育教师的公平性及客观性也要进行考察教师要根据评价反馈的信息，对体育教学进行改进或者反省，以促进体育教学的全面发展。

此外，从体育教师的教学行为还可以划分为课堂管理、组织实施以及教学设计、人际交往等行为。因此，对体育教师的教学行为进行的评价是必要的，评价结果所取得的反馈信息有利于完善体育教学评价的全面性，提高其准确性，对推进体育教学发展及增强学生的体育精神也具有极其重要的意义。

（三）对学生状态和体育学习行为的评价

传统的体育教学评价尤为重视学生学习结果的评价，而往往忽视对学生学习状态及学习行为的评价。仅对学习结果进行评价无法真正反映学生的学习行为和状态，对学习成果的评价不但缺少教学评价内容，而且影响了教学评价的效果。

在体育教学实践中，学生的学习状态和行为会随教学过程的变化而改变，并且受到体育教师行为的影响；反过来，学生行为的变化也会对教师教学行为产生一定的影响。课堂上对学生的状态和行为的观察和评价，可以更真实、更全面、更客观地了解并反映体育教学状态及效率。只有这样，教学评价才能起到更好的作用，促进教师教学质量的提高，增强学生的体育学习能力。因此，对学生学习状态以及行为的评价，是体育教学评价过程中不可或缺的内容。

第二节 核心素养导向的体育教学评价设计

一、基本要求

（一）评价目标设计需遵循发展性

评价具有"反馈—矫正"的作用，旨在对每个学习活动进行有效性判断，注重对学生的激励作用，以学生的长期发展和全面发展为目标，明确如何改进学习活动，以提高学困生、优等生的学习效果。评价关注学生的学习过程，当出现无效学习时，应立即做出调整，保证学生学习活动的有效性与发展性，同时在教学活动中还应时刻关注学生的学习进度、学习成果以及如何学习的问题，根据实际情况及时调整教学计划，保证课堂教学的效果。在分层教学中，教师更应注重评价对教学活动的指导作用。

此外，评价的目的在于矫正、改进，对于个别学生或小组的共同错误，教师应集中纠错，并在师生互动中，培养学生的体育学科素养。

（二）评价内容确定需遵循整体性

教学评价不是单纯的针对某一个学习活动，而是要站在"大单元"的视角下，从整体出发，围绕整个学习活动展开结构化评价，因此在进行教学评价时，应遵循整体性原则，以学科核心素养为目标，针对运动能力、健康行为及体育品德等方面进行评价。此外，评价还应体现结构化，即从多维度、多层次、多角度出发，使学生通过评价能实现学科知识体系的相互贯通和渗透。

（三）评价主体、方式、工具选择需遵循多样性

多样性评价主要体现在评价主体、评价方式及评价工具这三方面。首先，评价主体应从之前的教师单向评价扩展到教师、学生、家长等多元化的评价；其次，评价方式也应体现多样化，如定性与定量相结合、绝对与相对相结合等；最后，评价工具可以设置口头测试单、行为观察表、自我评价表等多样化的形式。

教学评价可以是学生互评、家长评价、教师评价等多元主体，教师通过与家长沟通，使家长了解学生的健康状况，同时参与教学评价，形成真正的家校合作，更好地促进学生的全面发展。此外，教学评价可以是课堂过程中的即时评价，也可以是课堂结束后过程性评价与终结性评价。在课堂教学中可以就某个已经完成的学习活动展开评价，以保证评价的及时性。在课堂结束后也应针对本节课的学习状况进行总结性的评价，以反思教学效果。

多样化的评价工具及现代信息技术产品的应用，使得教学评价的方式更加多元和高效。如智能手表、计步器、体感设备、心率监测仪的应用，不仅丰富了评价的方式，也提高了评价效果。

（四）评价情境创设需遵循真实性

体育比赛具有鲜明的实用性，对体育比赛过程中学生的表现评价具有真实性。学生在教师创设真实性的情境或与现实生活相近的情境中运用多种知识和技能综合应对的能力，是判断学生会与不会的客观标准。此外，评估信息的收集方式应进一步改进和发展，以保证学生能学以致用，同时通过相应的体育情境，以检验学生学以致用的能力，针对不同的运动技能项目，采取不同的考核标准。比如对封闭性项目的考核，应使学生自己创编动作，而对于开放性的考核，可通过

设置教学比赛以检验学生的学习成果。

（五）评价方案制定需遵循客观性

教学评价具有客观公正性，运用评价前需要制定明确具体的评价标准，选择科学、有效的评价方法。同时，评价者还要有公平公正的态度，减少个人的主观感情，避免用自己的主观判断对评价对象加以定夺，以保证评价的真实有效。体育课程的评价应要求教师转变理念，及时优化体育教学手段，对学生实施科学的评价，让他们在参与、体验中感受体育锻炼魅力，促进身心协调发展。

二、方法分析

（一）单元教学评价设计的方法

首先，单元教学评价目标应着眼于学生的运动能力、健康行为、体育品德等学科核心素养的培养，尽可能全面地展示出学科的关注点。

其次，在通过全面地分析单元教学的指导思想、教学内容、项目特点等情况的基础上，确定评价的观察点。同时，评价内容的设定也要从学生的身心发展特点出发，以保证评价观察点的真实性和完整性。

最后，根据评价内容和评价观测点选择合适的评价方式，保证评价操作的合理性和可行性。

表 4-1　高一年级篮球持球交叉步突破单元评价案例

评价维度	评价内容	评价观测点	评价方式
运动能力	运动认知	懂得突破技术，突破与投篮组合技术，个人与局部战术原理、规则及运用。学会运用综合知识和技能，判断、分析和解决篮球学、练、赛中的问题	试卷测验 口头测试
	运动技能	熟练掌握各种突破技术，在实战中能结合其他技术进行综合运用	技术观测
	体能状况	速度、力量、上下肢的协调	体能测试

续表

评价维度	评价内容	评价观测点	评价方式
健康行为	锻炼习惯	积极主动参与学练并能演示动作	行为观察 口头评价
	情绪调控	在练习中相互信任，共同面对挫折，战胜困难	行为观察 口头点评
	适应能力	练习中主动交流，相互激励，能较好完成个人、有伴组以及小组练习，提升人际交往能力	行为观察 口头点评
体育品德	体育精神	在自主合作练习中挑战自我，敢于展示动作，敢于评价，积极进取	行为观察 口头评价
	体育道德	在教学中按照要求，完成相应练习与比赛，遵守练习要求，正确对待、尊重他人	行为观察 口头评价
	体育品格	在练习和比赛中主动交流，相互激励，能较好地完成练习配合	行为观察 口头评价

（二）课时教学评价设计的方法

第一，体育课时的教学目标主要包括体育认知、运动技能、体能和体育情感四个方面，而课时评价是单元教学评价的具体化，应紧紧围绕单元与课时的目标展开。

第二，根据评价目标确定评价内容，再根据评价内容确定评价观察点，对于体育课时的评价内容应以本节课为主，设置1—2个，同时根据评价内容提取出具体的观察点。

第三，注重评价主体的选择，应能直接、客观地对观测点给出评价。

第四，评价方式与评价工具的选择应以突出观测点为主，注重方式和工具的效度和信度，同时有效利用现代化的信息技术产品，以整合各种信息资源，促进学生的体育学习。

（三）教学评价设计的方向

1. 体育认知方面的评价

体育认知方面包括运动认知、健康知识认知两部分，主要是对学生掌握体育与健康知识的程度和学生对所学知识的应用能力进行评价。体育认知方面的评价可采用试卷测验、口头测验等方式。

体育认知的评价方式中，试卷测验主要是通过选择题、填空题、判断题、简述题及案例分析题等来对学生的认知水平进行测试，通过不同的题型来全面地考查学生对体育知识的掌握状况，完成对学生的全面评价。

2. 运动技能方面的评价

运动技能方面的评价主要是针对学生对各个活动动作、基本活动方法的掌握情况的分析评价，评价过程中一般采用行为观察、技术观测等方式，并最终以等级或分数的形式呈现出来。

首先，对学生运动技能的评价可通过设置行为观察表，在表中呈现某一运动技能的主要动作特征和关键点。在运用行为观察表时，可通过观察学生是否出现该动作的主要特征来作出评价，当学生呈现出主要动作特征后，便在"观察到"一列中打钩，如果没有呈现就不打钩，当然，在学生作为评价主体后，为保证评价的准确性，可以以图片的形式向学生展示标准动作，并在图片上标注出主要的动作特征，以提高评价的有效性。此外，行为观察表中还应体现主要动作特征的呈现顺序，以提高评价的针对性。

其次，对学生的运动技能评价也可采取技术观测的方式。教师采取此方式时，可参考《青少年运动技能等级标准》，通过标准上提供的"4等12级"制的体系框架，对学生作出全面、客观、细致的评价。标准中对于某些动作技巧还附有视频，教师可通过扫码观看，以更清楚体育运动技能的动作特征和动作要领，进而做出更准确的判断。

3. 体能方面的评价

体能方面的评价主要包括两方面的内容，其一是与健康密切相关的体能评价，其二是对学生的身体素质及体能原理与方法掌握情况的评价。《国家学生体质健康标准（2014）》中对每个学段、每个项目都给出了相应的客观标准，教师可以依据标准对学生进行健康方面的测试，主要包括肺耐力、肌肉力量、身体成分等，最后针对每个学生的测试情况打出相应的分数。对于身体素质及体能原理掌握情况的评价，则由体育教师通过设置测试项目，以合理的考核标准对学生进行测试，以更好地激励学生成长，提高学生的身体素质。

4. 体育情感方面的评价

体育情感方面的评价是根据具体的教学目标和学习活动对学生的德育情感和价值情感状况给予评价，评价内容主要包括学生的情绪调控、体育品格、体育精神及体育道德等方面。评价方式可采取问卷、行为观察等，通过学生在课堂上表现出的体育情感行为针对性地做出评价。教师在设计行为观察表时，应包含具体情感行为的评价指标及每个等级水平的表现标准，以更好地进行分析。

第三节　体育课堂表现性评价构建

表现性评价是一种真实性教学评价方式，能够在体育课堂教学中评价学生素养的真实水平，对得到的评价结果针对性提出改进策略，从而更有效地帮助学生提升体育综合水平。表现性评价将体育学科核心素养的体育品德、运动能力、健康行为三个维度作为一级指标，下面还可提炼出二级指标、三级指标。以下，对相关指标进行分析。

一、体育品德

体育品德的重点内容是积极进取、遵守规则、社会责任感。其中，积极进取是正面积极向上的态度；遵守规则是在体育活动中高中生需要遵守相应的规则，以及在体育比赛、体育游戏中尊重比赛或游戏规则；社会责任感主要是学生在体育学习中具备的良好责任感，同时也能迁移至日常生活中。

体育品德的构成要素是体育道德、体育品格、体育精神。体育道德主要是指运动员、裁判员、教练员需要遵守的道德规范；体育品格也可以说是体育性格，它代表了体育活动的情绪特征；体育精神是体育的全貌，是体育中不可或缺的品质。

体育品德并没有具体的概念界定，以下选择体育道德、体育品格、体育精神、体育情感四个指标作为二级指标。

（一）体育道德

体育道德就是人们从事的体育活动中的体育伦理的品质内化为个人品质，自觉遵守的主体精神。体育道德亦是体育竞赛中需要遵守的一些原则，如合作、守法、公平、诚信等。中国深受儒家文化影响，谈体育离不开道德。体育道德一般分为体育行为中遵守的体育道德，以及体育比赛中需要遵守的体育职业道德。良好的体育道德不仅可以规范人们的体育行为，而且可以规范人们的日常行为。青春期的学生处于较为懵懂、冲动的状态，他们的行为需要适当加以约束。体育道德可分成三个子系统：遵守规则、诚信自律、公平正义。

1. 遵守规则

作为社会公民要遵守社会规则，作为学生要遵守校园规则，作为体育学科活动的参与者则要遵守体育规则。规则是日常活动中约束人们行为的准则，遵守规则是人的第二天性和内在需要。某种意义上来说，遵守规则把外在的规范转化成了一种内在的素质。当代一些高中生存在规则意识的缺失，究其原因，有内在的个人因素，也有外在的成长环境因素，只有增强对遵守规则的重视，学校、社会才能正常运转下去。

2. 诚信自律

道德没有标准的行为规范和惩戒措施，往往是靠个体的自律去完成。体育竞赛外的体育活动是没有人进行监管或者督促的，需要学生自我去主动地遵守，在整个体育行为中也要一直保持诚信待人待己。学生的体育品德也是在自律中形成，培养诚信自律的意识，同样也是在培养体育道德。自律也体现在体育锻炼当中，体育部分锻炼往往枯燥无味，需要坚持不懈，才能利于终身体育的发展。

3. 公平正义

社会主义核心价值观中，提到了"公正"，它是社会文明的重要特征，是社会稳定的重要因素。公平正义反映了时代发展的需要，是当代价值观的趋势走向。公平正义体现在方方面面，学生群体相较于社会群体更加讲究公平正义。没有了公平正义，体育活动可能无法进行，学生的情绪、心理健康也会受到影响。所以在教学环境中，公平正义是不可或缺的道德品质。

（二）体育品格

体育品格可以从多个角度来阐释，总的概括起来就是一种外在的、正面的、积极的品质表现。体育品格常与体育品德、体育道德混淆，所以体育品格在体育学科当中缺乏重视。基于学科基本结构理论，各学科都是相互关联的，体育与健康学科同样可以借鉴品格在其他学科的发展路径，将体育品格分为文明礼貌、团队合作、社会责任感、正确的胜负观四个部分。

1. 文明礼貌

文明礼貌作为学生群体从小到大接触较多的词，相应行为出现在社会环境的各个角落。中华民族作为礼仪之邦，强调"礼义廉耻"，"礼"在先。将文明礼貌作为社会最基本的行为准则，是每个高中生必备的。在体育与健康课程中，文明礼貌对于教师、学生、竞赛对手都十分有必要，这个优秀品质同样应该由高中生带着走出去，走向世界。

2. 团队合作

团队合作是指团队成员共同合作完成某件事。团队合作包含谦虚谨慎、平等友善、善于交流、创新能力、接受批评、善于化解矛盾六个原则，这就需要学生在参与体育与健康学科课上的体育活动时，拥有多变的应对能力。对于高中阶段的大多数学生来说，完全有能力遵守团队合作的六个原则。反之，通过体育与健康学科的课程上的团队合作精神，也能够培养出学生谦虚谨慎、平等友善、善于交流、创新能力、接受批评、善于化解矛盾这六个优秀品质。体育不止是个人的体育活动锻炼，更是群体性的体育活动，所以必须注重团队合作这一体育品格。

3. 社会责任感

社会责任感往往指个体能够积极主动分担社会责任，是一种积极稳定的品质。社会责任感一直是社会关注的焦点，每一次它相关问题的出现都会成为社会热点问题。由于科技的快速发展，中国如同坐上火箭般飞速发展，相对的是面对物欲横流的社会，学生应当树立正确的价值观，体育活动中拼搏勇敢的精神刚好可以帮助学生守护那份社会责任感，有利于培养学生们的优秀品质。

4. 正确的胜负观

体育运动中每位参赛选手都有获得比赛胜利的权利，但是赢得比赛的胜利往往不是必需的选择，在体育比赛中常有"友谊第一，比赛第二"的口号，拥有正确的胜负观十分重要。体育与健康学科的课程，较于其他学科不同的地方是流动性比较强，体育竞赛又是比较剧烈的运动。眼里只有胜负观的学生，往往很容易在活动或比赛中出现无法预知的意外。为了保证学生的人身安全，以及同学之间的友好相处，必须把正确的胜负观涵盖在体育必备的品格里。

（三）体育精神

体育精神是一种能动意识，是一种精神面貌，是一种资源意识，对高中学生参与体育活动具有指导作用。学生在高中阶段学业压力较大，他们还处在青春期，带有一定的叛逆心理，所以需要正面的、积极的引导。而体育精神恰恰是一种正面积极向上的精神，是体育活动中孕育出来的积极价值，如奥林匹克中的"更高、更快、更强"的口号。我们可以把体育精神细分为自尊自信、顽强拼搏、积极态度三部分。

1. 自尊自信

自尊首先是自我尊重和自我照顾，然后是他人和社会对自己的尊重；自信则是深信自己的力量，是一种积极的态度。自尊和自信的相关度很高，它们不仅能影响学生情绪，还能够调节学生的生活状态。高中生拥有自尊自信，有利于心理健康的发展和健全人格的形成。

2. 顽强拼搏

顽强拼搏指用不屈的信念去努力拼搏向上的体育精神，中国体育精神中女排精神具有一定的代表性。高中生可以在体育学科的活动或体育竞赛中获得体育精神，进而将其转化成学习或者生活的动力。这种积极的精神可以伴随学生一生，不管是在体育活动上还是在社会生活的其他方面。弘扬体育精神中的顽强拼搏，也有利于促进学生的社会主义核心价值观的发展。

3. 积极态度

经常参加体育运动，不仅有助于学生的身体健康，而且有助于学生的心理健康。健康、强壮的体魄将使学生拥有良好的自我意识，拥有更多的快乐。如跑步、跳跃、游泳等运动本身就有趣，学生在快乐的状态下学习是更为有效的。多注重体育运动的发展，可以让学生拥有一个健康向上的心态。

（四）体育情感

体育情感包含情与感两个方面，情是对待体育产生共鸣的意识，感是对待体育所产生的感悟。体育情感是在参加体育活动的时候产生的，是人类特有的高级的情感。学生在接触体育与健康课程的同时，只有产生一定的情感，才会对体育投入时间、精力。对体育情感的调查，能反映出学生对体育课程的态度，方便学校及时做出调整。体育情感可以分为体育兴趣、喜爱体育项目程度两部分，它们是形成体育情感的两个子指标。

1. 体育兴趣

体育兴趣是人们参与体育的一种积极情绪的心理趋向，是推动人们主动接触体育活动的内在驱动力，是人们一种内在的需求。高中生是否拥有体育兴趣直接影响高中生的体育参与性和积极性。随着素质教育改革浪潮的到来，体育学科也呈现多元化发展，学生体质健康问题亦成为重要内容。体育兴趣的强弱与学生体质健康问题相挂钩，高中生对体育与健康学科的课程兴趣增强，参与活动积极，身体素质自然相应提升；反之则下降。高中的教学环境较为稳定、青少年的身体机能较强、男女兴趣差异较为明显等，都从侧面反映出正确引导体育兴趣，能够加强高中生的体育与健康学科的参与度。

2. 喜爱体育项目程度

体育项目又被叫作运动项目或运动手段，由于社会的进步和科技的发展，体育项目也演化得越来越多。学校深化教育改革，升级场地条件，增强师资力量，在体育与健康课程上增多可供选择的项目，都是可行的。而与教学任务不同的是，学生喜爱体育项目往往是自发的，是有目的性地参与体育项目。喜爱体育项目这不仅促进学生的体育锻炼，而且能帮助了解学生的差异化发展，从而做出课程的调整，使体育与健康课程也具有时效性。

二、运动能力

运动能力主要是指人参加运动或训练表现出来的能力，是人的身体形态、身体素质、机能、心理能力等的综合表现。运动能力主要体现在高中生参与体育与健康学科的课程以及课外体育锻炼上。学科核心素养的运动能力主要是培养学生专项体育运动的能力以及增强身体素质。通过课程，学生能够运用知识，组织体育赛事，学习比赛规则、裁判规则，了解国内外体育赛事，具备欣赏体育赛事的能力。不管体育与健康学科的核心素养如何随时代而发展，运动能力作为体育课程最基本的特征是不可缺失的。根据学科基本结构理论和各学科的联系性，运动能力可分为基本运动能力和专项竞技能力两个部分，即运动能力的两个二级指标。

（一）基本运动能力

基本运动能力一般是指人们日常的走、跑、跳、投等基本活动能力。基本运动能力没有过分强调体育的专项技能，而是运用较为简单、基础的体育项目，增强人们参与体育的自信心。它适用于大多数学生，能够在不同的体育项目、体育活动、游戏中有效运用技能、技术，不断执行基本运动的能力。基础运动能力为学生参与体育活动打下良好的基础，更有利于培养学生终身体育的能力，是实现终身体育不可或缺的技能。在高中教育阶段，学生只有很好地掌握基本运动能力，才能在此基础上进行各种体育项目，这也是它被选入评价指标体系的原因。

（二）专项竞技能力

专项竞技能力指的是运动员的参赛能力，包括体能、技能、心理能力、战术能力、运动智能等。专项竞技能力不同于基础运动能力，它是在基础运动能力之上形成和发展的。高中的体育与健康学科课程并没有对学生的专项竞技能力提出过多的要求和发展，但这并不代表高中生就不需要专项竞技能力。体育向来都是从小抓起，在学生时代培养良好的专项竞技能力，有利于长远的体育发展，促进个人的德智体美劳全面发展。注重学生专项竞技能力的发展，也可为我国输送和培养优秀的体育后备人才。专项竞技能力又可细分为锻炼能力和竞赛能力。

1. 锻炼能力

锻炼能力通常指运用各种身体练习和方法，增强体质健康，丰富文化生活的能力。体育锻炼能力的特点主要包括：通过活动骨骼肌进行运动；有计划、有目的地进行体育运动；随着锻炼强度增加、时间延长，体育锻炼能力与体质健康呈正相关；体育锻炼消耗一定的能量；体育锻炼能力可以维持多项体质活动。

高中生的锻炼能力更多体现在课外体育课锻炼及学校组织的群体性体育活动中。现如今不少高中用跑操代替课间操，能够增强学生体质，增加学生团结协作的能力，提高免疫力。因此，跑操既是一种身体锻炼运动，又是一种精神活动。

2. 竞赛能力

竞赛能力就是指运动员参赛的体能、技能、战术能力、运动智能、心理能力形成的能力。这里主要是强调参加比赛时所运用的能力，对能力运用有环境限定。系统评价理论认为世界由无数子系统组成，竞赛能力作为子系统组成专项竞技能力，是被包含于专项竞技能力中一种不可缺少的能力。高中阶段学校为丰富校园文化生活，常举办多样化的体育活动，如运动会、篮球赛等，甚至是体育课上小小的游戏，都需要学生具备一定的竞赛能力。竞赛能力的体现不只是增强体育项目的竞争性，同时展现了学生竞赛时的体育风采，从而增强了整个比赛的观赏性，有利于吸引更多的人参与到体育项目中来。

三、健康行为

健康行为的定义是人们为了保持身心健康、增强身体素质而从事的一项活动。健康行为是积极适应外部的环境、改善身心健康的外在表现，是人们逐渐形成的一种健康生活方式。健康行为包括良好的生活作息和卫生习惯、控制体重、积极锻炼、环境适应、情绪调控等。社会快速发展，越来越多人注重自己的生活方式是否健康。

健康行为包含了基本因素，完全可以做出评价标准或行为规范，为人们提供参考。健康行为分为健康知识、体育习惯、环境适应、情绪调控四个部分，即四个二级指标。

（一）健康知识

高中生处在身体发育的最好时期，并不太会去重视健康知识的作用。由于高考，其他学科知识需要进行重点学习，体育与健康学科的特殊性使得其无法在稳定的环境中长时间传授知识。但这并不代表健康知识就不重要，反而由于这方面知识缺乏，会对身体造成伤害，如越来越多的学生近视或因体质较差无法长时间从事学习活动，从而使学习效率下降，影响学习进度。健康知识还可细分成科学健身、运动伤病预防、安全防范意识三个方面。

1. 科学健身

顾名思义，科学健身为科学合理的健身，属于体育运动科学的范畴。合理的健身运动为人们带来健康体质，不合理的健身运动会给人们的身体带来伤害。《全民健身条例》使全民健身有了具体化、规范化的标准，《"健康中国2030"规划纲要》则更加系统地指出要科学地进行健身运动。高中生作为全民的一部分，同样应当遵循科学健身的原则。

2. 运动伤病预防

大多数人认为运动伤病的预防只是运动员才需要注意的问题，这是一个极其不正确的观念。运动员虽然长时间训练、运动，受伤的概率较大，但不代表一般的体育运动就没有伤病的概率。反而是由于健康知识储备不足，不重视运动伤病的预防，没有进行热身活动，校园里频频有学生受伤或出现意外。

体育运动是人们增强身体健康的重要方式之一，体育运动中发生的运动伤病是由多种因素导致的，为减少运动伤病的发生，就需要提前做好预防措施，在运动伤病的预防上给予重视。学校和教师需要对学生进行引导，树立正确的预防意识，让体育与健康课程更加合理化。

3. 安全防范意识

高中体育与健康教育坚持"健康第一"的思想，使健康体育成为现代体育的教育观念。健康体育如火如荼开展的同时，学校伤害事故频发，直接影响了校园体育的开展。校园伤害事故一直以来是个安全隐患，究其原因，主要是安全防范意识不到位。学校应向学生宣传安全防范的知识，以减少校园伤害事故的发生。很多学校也常常开展安全教育活动，如火灾逃生安全教育、地震逃生安全教育等，能让学生从教育活动中获取安全防范的知识。

（二）体育习惯

体育习惯也可看作体育锻炼习惯，是指在长期的运动活动中形成的一种稳定的身体运动行为。其生理机制是，某些情境刺激和相关行为在大脑皮层中形成一个稳定的暂时性神经连接。体育锻炼习惯是人们的主观意识不断地转化形成体育行为，是一种行为倾向。体育锻炼习惯的形成受人们内在需求和外部环境影响。一方面，内在需求表现为学生主动想通过体育活动锻炼身体增强体质；另一方面，外部环境主要来自学校开展的一系列体育活动，需要学生去执行、去完成，久而久之形成体育习惯。只有长期坚持体育习惯，才能实现终身体育的目的。依据普通高中体育课的特点和学生的生活作息习惯，可把体育习惯分成饮食与作息习惯、准备与放松习惯两个部分，即两个指标。

1. 饮食与作息习惯

饮食习惯指的是人们有所偏爱地进行食物的选择，同时对烹饪食材和方法也有所要求。饮食习惯是一种进食行为，它是生活习惯的一部分，人人都会存在自己的饮食习惯，各人的饮食习惯可能天差地别。科学合理的饮食习惯，能够提高体育的成绩和效果。

随着科技的进步，电子设备的更新换代，娱乐生活的丰富都导致人们作息不规律。尤其是高中生，白天的课业繁重，便用晚上的睡眠时间作为娱乐休闲时间，长此以往会造成生理性伤害。

饮食与作息习惯同时提及，是因为它们都作为生活习惯的一种围绕在学生的周围。好的饮食与作息习惯有利于高中生的身体健康成长，促进学生体育的发展；反之，不良的饮食与作息习惯不仅影响自身健康，还会使得人际关系变得紧张，影响他人的生活。

2. 准备与放松习惯

准备习惯主要指体育活动开始前的热身运动。很多学生会忽略体育活动开始的准备习惯，认为热身运动并不重要，却往往因小失大。热身运动至关重要，因为人的身体机能平常都处在同一个状态，从平静的状态到运动的状态，需要准备热身运动用来过渡，否则很容易出现运动损伤。

准备习惯是在体育运动前，而放松习惯是在体育运动结束时，同样是用来过渡身体机能状态的。养成放松习惯，能很好地缓解心理紧张，放松身心。没有放松习惯可能会导致运动损伤，影响体育运动成绩，使身体疲惫进而影响休息。

长期坚持体育运动的人自身一般有较好的准备与放松习惯，但大多数高中生一周就一至两节的体育课，若学校、体育教师不够重视的话，就不能拥有良好的准备与放松习惯。

（三）环境适应

环境适应是人与环境的关系所引起的心理和行为的变化，一般分为自然环境适应和社会环境适应，更多的是指社会环境适应。人类在社会环境中，会改变技能、习惯、态度、行为等去适应不断变化的周遭环境，并且作为社会的相应角色履行和承担社会的责任。个人与环境相辅相成，个人会因环境做出改变适应，环境也会因为人类行为所导致的结果而产生变化，两者应和谐共存。学生所处的校园环境也是社会环境的一种，要学会适应。自然环境适应和社会环境适应作为环境适应的子系统。

1. 自然环境适应

自然环境的适应是指在自然环境的状态下所产生的环境适应能力。环境适应论认为人类的活动与自然环境存在互相的作用关系，体育活动也同样和自然环境存在一定的交互作用。人类作为体育活动的参与者，在自然环境中必然产生相互的作用。体育活动更多开展在室外的自然环境中，自然环境作为不可控的因素使得参与者要去适应环境。学生在遇到恶劣的环境和天气时，需要有应对的能力和措施，不论是主动还是被动，都要去积极适应而不是消极对待。

2. 社会环境适应

社会环境区别于自然环境，甚至没有实质的环境场地，但它们都属于不可控环境。当代社会快速发展，科技化、信息化时代的到来，使得社会环境越来越复杂化。而学生更多接触的是家庭环境和学校环境，对社会环境既熟悉又陌生的。虽然学校环境可以称为"小社会环境"，但是它与真正的社会环境比起来还是有较大差异的。学生也处在社会环境中，并与其相互产生作用，离开学校后也会走向更大的社会环境。学生要想很好适应社会环境，就要具备环境适应的能力。环境适应能力是高中生必须掌握的能力，是评价体系构建的重要指标。

（四）情绪调控

情绪调控是指情绪的调节与控制，没有标准的定义。有人认为，情绪调节是情绪产生、继续的过程和对内部情感状态的发生、强度或持续时间的调节，以及和情绪有关的生理过程。生活中常会遇到挫折、困难，因此产生消极、负面的心理情绪，如果没有及时进行情绪调控，疏散不良情绪，就会长时间挤压在内心，造成心理不平衡，影响身心健康。情绪调控作为一种能力或者说一种手段，是高中阶段的学生必须掌握的。根据情绪调控的类型，可分为情绪的调节与控制、与情绪相关的行为调节和控制、对引发情绪的情境进行调节和控制三个部分，以便更全面、更详细地阐述有关情绪调控的指标。

1. 情绪的调节与控制

情绪的调节与控制，主要是指学生对自我情绪的控制和调节。学生情绪会受外界环境影响，如考试失利、学业压力、家庭压力等，甚至天气都可能成为情绪失控的导火索。学生的内在情绪也会造成情绪失控，如自卑、敏感、易怒、暴躁心理等。不适的情绪调控策略会导致负面情绪增加，严重的会影响人的身心健康。学生在遭遇负面情绪时往往选择逃避、不去面对，或者发泄到他人身上，甚至自暴自弃产生厌学情绪。体育与健康课程也会受到学生情绪的影响，学生良好的情绪调控能力有助于师生共同完成体育课程，提升上课效率。合理的情绪调节控制能力也能够帮助学生走出负面情绪笼罩的阴影，促进学生身心健康的成长。

2. 与情绪相关的行为调节和控制

从系统评价理论来看，情绪的波动受到周围与情绪相关行为的调节和控制，它们之间相互关联，要想评价情绪本身的调节与控制，就不能忽略与它相关行为的调节与控制。情绪并不是个体自身就能产生的，它伴随很多外界因素的行为，受到很多行为影响。学生在受到情绪影响的同时往往会做出很多不理智的行为，这些行为不仅会给学生自身带来负面影响，还可能影响其他人。尤其是高中学生的体格已经接近成年人，体育课程又在开放性场地上课，体育器材较多且危险，学生如果无法合理控制情绪影响的行为，可能发生大家都不想看见的场景，严重的可能会危害他人或社会。一定要重视与情绪相关的行为，不论是行为引发的情绪还是情绪导致的行为，都要进行有效的调节与控制，让行为引导情绪的调控。

3. 对引发情绪的情境进行调节和控制

除了重视与情绪相关的行为调节和控制，也要对能引发情绪的情境的调节与控制给予足够的重视。情境就是在一个特定的时空场景中，展现能影响个体对目标刺激的意义有所理解的信息或事物。情境不能主观控制，会随个体、目标的不同而不同，因此与情绪相关的情境也需要人为地进行调节与控制。积极的情境能够为学生带来积极的情绪变化，而消极的情境会使学生产生负面情绪。体育与健康学科的情境不同于其他学科，更具有开放性的特点，且用于体育教学上。在教学过程对于出现的体育情境，需要教师正确引导和学生有效的调节与控制情绪，才能促成一堂课的完整。

第五章

体育教师教学发展及学科核心素养培育

第五章　体育教师教学发展及学科核心素养培育

第一节　高中体育教师教学行为优化

体育教师的教学行为影响着高中生达成全面发展的核心目标。在体育学科核心素养视域下，从教师教育观念与教学行为两方面进行梳理总结，包括课前教学设计行为、课中教学实施以及课后反思等几点。

一、高中体育教师课前设计行为的优化

课前进行课程教学设计是教学行为的开始。"以学生为中心"是课程改革的重要内容，有别于传统教学将教师摆在中心，以教师教、学生学为主的情况。

体育教学不仅要教会学生某一项体育运动，达到强身健体的效果，也要注重学生体育能力、体育道德的培养。在学科核心素养背景下，教学目标要运动能力、健康行为、体育道德三维目标并重。每个时代的学生兴趣和发展需求不同，对体育项目的兴趣爱好也会有一定差距。体育教师可与部分学生进行沟通交流以了解学生的喜好，也可以问卷的方式对全校师生的体育兴趣爱好进行调查与分析，这些方法都有助于教师走近学生、了解学生需求。

关注体育教学课堂的预设与生成也很重要。在正式开始上课之前，教师要对课堂的预期发展有一个预设，正式上课时才能从容应对。教师不仅要考虑学生的兴趣爱好，也要考虑场地条件、天气情况、学校器械设备等。

二、高中体育教师课中实施行为的优化

在核心素养背景下，体育学科课堂教学多采用自主学练、小组合作、探究式学习的教学方法。当前体育教学的困境主要体现在体育教学以教师为中心，教学模式单一、以学生模仿教师动作为主，教学手段也千篇一律，造成学生对体育学习兴趣不浓等情况。对此，教师应反思如何调动学生的积极性，使高中生重拾对体育课的兴趣，激发高中生参与体育活动的积极性。

良好的课堂氛围能促进师生间的心理相融，良好的体育学习氛围也有助于提高教学效率。体育教师可采用丰富多彩的开场白，借助多种形式，如音乐、视频、游戏等，吸引学生注意力，从而高效地开展教学。

教师还应善于使用多媒体教学以丰富教学方式。随着时代发展，教学手段和方式也发生了翻天覆地的变化，慕课、微课、翻转课堂等形式不断涌现，花样百出，无不为教师教学提供了方便。作为新时代教师，要紧跟时代潮流，善于借助高科技技术来为体育课堂服务，从而弥补传统教学的不足，让课堂更加丰富多彩，让学生更加喜欢体育课堂。

随着高中生思维能力的发展，自主意识不断增强，学生独特的见解和认识不容忽视，教师可以与学生分享国内外体育赛事，进行讨论交流，加强师生互动，提升课堂互动效果。在日常教学时，不同学生运动水平参差不齐，教师可以采用小组之间互帮互助和比赛等方式进行辅助教学。

三、高中体育教师课后反思行为的优化

下课铃声虽意味着一堂课的结束，却不是教学行为的结束。作为一名优秀的体育教师，不仅要设计好、实施好一堂课，还在课后进行适时的教学反思，在反思之中不断提升自己的教学能力。教师可以从以下三个方面进行教学反思：

第一，从教师自身进行反思。可从教学准备、教学导入、讲解内容、动作示范、错误纠正、放松活动的归纳总结等方面入手进行反思，反思自己的教学在哪些方面出现问题，以及这些问题应该如何解决，并在不断反思之中取其精华、去其糟粕，使课堂效果不断提升。

第二，从学生方面进行反思。可反思学生是否达成既定的教学目标，回顾学生的课堂参与程度，学生在学习过程中是否快乐，学生对教学内容的反应如何。通过反思学生的课堂反应，了解学生对教学内容或教学方式的满意程度，从而有针对性地改进教学。

第三，从同事方面进行反思。可认真听取同事对课堂的评价，虚心接受他人建议，从而改进自己的教学。三人行，必有我师焉，要客观对待他人提出的宝贵

意见，才能不断拓宽自己的视野，优化自己的教学行为。

第二节 高中体育教学专业化发展

一、理论依据

制约事物发展的主要因素有内因与外因，人的发展和成长亦是这样，唤醒人们主观能动性的是内因，进而让人们的发展得以推进。让人的主观能动性达到最大化的有效措施，则是激励。从 20 世纪 30 年代起，就有许多学者对激励理论进行分析和研究，大部分学者认为，在内外因的作用下能够形成一些自发的举止与行为，正面刺激能给出积极反应，负面性质的刺激就会出现消极反应。

以激励理论为基础，在发展体育教师专业性程度上要把激励机制引进教学中，采取合理有效的激励手段给体育教师塑造优良的工作氛围以及极具吸引力的教学环境，以提高其工作效率与质量，使得其向专业化发展。

按照马斯洛理论来分析，人的需求就如同金字塔，由低到高可分成五类，从下到上依次：生理、安全、爱和归属、尊重、自我实现。高中体育教师的生理需要与安全需要实现以后，则是希望得到关爱、尊重以及实现自我价值。

因此，在对体育教师的激励层面上，要满足其对于物质层面的需要，这对体育教师日后的生涯规划能构成有效支撑，才可能重视自我价值的实现，进而获得学校与社会认可。

二、发展建议

（一）锻造以学生发展为中心的教师专业精神

体育教师的个人品质、教师信仰、职业抱负都是围绕着学生的总体发展为中心的。在促进体育教师专业精神的发展过程中，要以学生为本，教师的思想和言行不管是课内还是课外，都会对学生的发展产生影响。教师的专业精神对学生发展的影响，主要体现在教师的个人品质、教师的职业信仰和对学生发展的期望上，因此教师在教育教学中要表现出优秀教师的专业精神。

（二）构建系统全面的资源以及技术工具支持

体育教师的专业知识并不是散点式的经验积累，而需要有层次的组织规划和系统全面的可靠资源，以及相应的技术工具支持。因此，学校教研部门要规划好教师培训，加强教师专业知识的培养，同时为教师构建课内课外的优秀课例库与案例库提供给教师学习所用，组织体育教师定期进行信息技术工具运用的培训学习，以便跟上信息时代快速发展。

（三）构建多层次的体育教师实践成长的机会

体育教师的专业能力根植于实践，并与教师认知和具体教学情境中的专业视野有较大关系。教师的认知水平会在教学实践中不断得到提升，特别在特定情境下通过反复的实践教学，能拓展教师的专业视野。同时，构建不同层次的体育教师教学实践竞赛，可以提高教师的专业发展，助力教师实现专业能力的提升。

（四）转换体育教师的培训视角，提高有效性

体育教师的专业培训需要考虑参与者视角，并注意培训项目的设计有效性和教师实践操作的一致性。教师培训是体育教师自我提升和完善的重要途径，在教师培训中要以参与者为主体，从培训参与者的视角出发，转换以往的培训者角色，以此来提高教师参与培训的积极性。体育教师职业具有其特性，教学过程中主要以实践操作为主，要提高实操能力。

（五）加强体育教师教学反思，提高沟通能力

教学反思是教师自我专业发展的重要方式，把课堂教学实践作为认识对象进行思考和总结，有利于教师进行深入的教学研究，形成自己的教学风格，提升理

论水平，拓展知识面，由"学科型"教师成长为"学者型"教师。教师可以从教育观念、工作方式、教学技能、教学策略、科研能力等方面进行反思以提高自己的各项能力，提升自身专业水平。学生是学习的主体，教师不论在课中还是在课外都需要加强与学生的沟通。不同时代的学生具有不同的个性特点，因此在沟通时需要注意沟通技巧。

（六）教师愿景集中体现在高质量的体育教学中

高质量的体育教学需要教师具备积极的职业态度、良好的个人品质、系统全面的专业知识与能力，以及参加专业培训和进行自我反思，而恰恰教师愿景也体现于此。因此，教师愿景主要根植于对高质量体育教学的关注，要提高体育教学质量，需从专业精神、专业知识、专业能力、教师培训、教师自我发展与教师评价等方面做好提升。

第三节 体育教师学科核心素养培育与提升

一、体育教师学科核心素养的培育

（一）体育教师核心素养的概念

我国将核心素养定义为：社会公民为不断促进个人终身发展以及加快适应社会发展所需要的必备品格和关键能力。据此，高中体育教师核心素养可定义为：在高中学校担任体育教学工作的人员为促进个人发展和适应社会应该具备的品格和关键能力。

（二）体育教师核心素养的维度

现阶段我国高中体育教师核心素养研究还处于起步阶段，具有代表性的研究成果还较少,且探究方向与维度大多一致,大部分是以核心素养思想作为根本方向,以核心素养中的个人发展和社会发展两个维度作为主要探究维度。这并不是简单直接地划分,而是在以"人"为整体的情况下,将探究分为个人发展和社会发展两个维度。再对个人发展和社会发展两个母项下的子项进一步划分,其子项就是高中体育教师核心素养的具体构成内容。

1. 个人发展维度

个人发展维度是基于新时代下人本思想的考量。核心素养思想是从知识经济化、信息化、全球化下的社会特征提出来的。对个人发展的探究,主要是为了促进个体加快适应新时代全球化快速变化下的良好发展。高中体育教师核心素养在个人发展维度上的考量,不仅仅是对核心素养特定职业人群的考量,也要突出新时代背景下个人应如何发展这一环节。

核心素养的本质是超越学科、领域下的可迁移的共同性素养,所以并不等同于职业素养,应该包括一部分关键性职业素养。在这一解读下,对高中体育教师核心素养不单单限于学科、领域范畴下的探究,也应包含一部分关键性职业素养。高中体育教师核心素养中的关键性职业素养主要是职业信念、专业知识与能力、运动技能三个方面。

这一考量具有鲜明的时代特征,在 21 世纪新时代社会就业竞争激烈、职业变化加快的趋势下,为多元化、全方位地提高个人发展,部分高中体育教师也是"身兼数职",比如成校外培训员、某项运动的校外教练员、某项运动的专业裁判员、社会体育指导员等。

"斜杠青年"[1] 理论对此进行了更好的解读。"斜杠青年"的出现是社会发展的必然现象。多重身份的发展是要在良好的第一职业领域下,以个人现阶段所具备的能力去突破行业壁垒达到跨领域下的个人发展。此外,在联合国教科文组织 2015 年发布的《反思教育》报告中,提出当代所有青年都应该具备基础素养、可迁移素养、职业素养这三类素养。

---

[1] 斜杠青年指的是一群不再满足"专一职业"的生活方式,而选择拥有多重职业和身份的多元生活的人。

综上，高中体育教师核心素养在个人发展维度的素养还应该包括一部分可迁移素养，主要包括信息素养、问题解决能力、创新能力、反思能力、领导能力、高度的责任感。

2. 社会发展维度

阶段我国专家学者对核心素养思想中所提出的社会发展层面的探究，内容比较模糊，缺少强有力的理论支撑，开展也不能深入，切合高中体育教师这一特殊职业身份下对核心素养的思考更少介入。

其实，对社会发展维度的思考，还是在"人"的基础上进行的探究。因为人才是社会生活的主要参与者。所以，在社会发展这一维度下进行探究，就要把握个体在社会生活的各个领域中的探究。可从人的社会生活领域将探究划分为公共生活、职业生活和家庭生活三个方面。

（1）公共生活领域

公共生活领域主要是对参与者在道德和法律层面上的考量，对高中体育教师核心素养探究。而言，趋向于立法方面，在体育教师从专业学科领域上的特点不突出。

（2）职业生活领域

在社会心理学中，角色理论把社会角色划分为功利性和表现性两种，而高中体育教师为表现性角色主要构成人群。所谓表现性角色，是指那些不以获得经济上的效益或报酬为目的，而是以表现社会制度与秩序、社会行为规范、某种价值观念、思想信仰或道德情操为目的的社会角色。

就此分析，高中体育教师的角色特点是具有强烈社会责任感，承担传承社会文明的义务和教书育人职业的使命。

（3）职业生活与家庭生活领域

在社会发展维度下对高中体育教师的职业生活与家庭生活领域进行探究，并不是在简单的两个社会生活领域相结合的交叉层面上的探究，而是要考虑在职业生活和家庭生活两大社会领域下社会角色发生变化时，如何维持在职业生活与家庭生活领域中的平衡。

工作—家庭边界理论中将工作与家庭分为两个相对独立的领域，认为个体在社会生活中会在两个领域中不断地相互跨越，这样就会产生工作与家庭的冲突，所以就需要在工作与家庭领域的平衡。个体是工作与家庭边界平衡的主要维持者，维持工作与家庭边界平衡有利于个体发展和社会生活参与的提升。

高中体育教师也需要维持工作与家庭领域的平衡，从而提高自身发展与社会发展水平。由此可见，这一点也是十分有必要纳入高中体育教师的核心素养培育中的。

（三）体育教师核心素养的内容

在核心素养思想下对高中体育教师核心素养进行研究，可从探究维度、探究领域、理论依据、探究结果等几个主要方面进行整理归纳（如表5-1）。

表5-1　体育教师核心素养内容的整理

探究维度	探究领域	理论依据	主要内容
个人发展维度	职业（专业）领域	职业素养	职业信念 专业知识与能力 运动技能
	跨学科以及多职业领域	斜杠青年理论	信息素养问题解决能力
		《反思教育》报告	创新能力 领导能力 反思能力 高度的责任感
社会发展维度	社会生活领域	角色理论	社会责任感 义务感 职业使命感
		工作—家庭边界理论	工作—家庭平衡管理

再将表5-1的相似项、可合并项进行分析整理，可整理出表5-2。

表 5-2　体育教师核心素养的内容

探究维度	构成方面	构成内容
个人发展维度	职业素养	职业信念 专业知识与能力 运动技能
社会发展维度	可迁移素养	信息素养 问题解决能力 创新能力 领导能力 反思能力
	社会素养	高度的社会责任感 工作—家庭平衡管理

通过进一步整理，得出对高中体育教师核心素养构成内容主要为三个方面：职业素养、可迁移素养、社会素养。

(四) 体育教师核心素养的现状

1. 总体上较为良好

在宏观角度下，高中体育教师核心素养的总体现状是较为良好、较为积极的。其积极影响因素是基于核心素养越来越受到专家与学者的推崇，并且随着国民核心素养、学生核心素养、体育学科核心素养的陆续提出，高中体育教师对核心素养重要性的认知大大增加，认识到了核心素养对自身工作与生活的重要性。种种内部与外部的积极因素，推动了高中体育教师核心素养的良好发展。

2. 在相对稳定状态下的不平衡发展

高中体育教师核心素养的发展趋势是在相对稳定状态下的不平衡的发展。相对稳定状态，指的是从高中体育教师单项核心素养在认知—实践—拓展过程中具有较高的稳定性。

不平衡发展有以下两层含义：

第一，在认知重视程度、实践运用程度、拓展提升程度下整体核心素养的发展不平衡。这种平衡主要表现为认知重视程度高于实践运用程度和拓展提升程度。导致这一现状的影响因素，是高中体育教师核心素养的实践运用和拓展提升还未达到认知程度相应水平。

第二，在认知重视程度、实践运用程度、拓展提升程度下各项核心素养的内部发展程度的不平衡。这种不平衡表现为高中体育教师核心素养中的职业信念、知识与能力、运动技能、领导能力、高度的社会责任感五项核心素养的发展现状较为良好，在信息素养、问题解决能力、创新能力、反思能力、工作—家庭平衡管理五项核心素养的发展现状较一般。其中，职业信念、知识与能力、运动技能、领导能力、高度的社会责任感五项核心素养与体育教师职业领域有更加紧密的联系，在认知—实践—提升这一过程中的积极程度更高。而对信息素养、问题解决能力、创新能力、反思能力、工作—家庭平衡管理五项核心素养在认知与重视程度上相对较低些，这主要是因为高中体育教师职业的特殊性和在认知上存在偏差导致的。

二、体育教师学科核心素养的提升

对于高中体育教师核心素养的发展提升进行分析，就必须结合教师的职前与职后两个阶段来进行探究，并将高中体育教师的职前教育培养与职后提升发展进行一体化、整体化的分析。这样一来，可以将高中体育教师职前与职后的学习工作更加紧密的联系起来，对体育教师职前教育学习基础与职后工作提升目标差距的减少有一定的现实意义。

（一）体育教师的职前提升

1. 开发职前培养课程，提升综合能力

职前培养课程在体育教师的职业发展中起到关键性作用，对职前培养课程的选择与开发是保证高中体育教师职业可持续发展的关键。根据对高中体育教师的核心素养构成的探究，应将职业信念、专业知识与能力、运动技能、信息素养、高度的社会责任感融入体育教师职前培养课程之中。

（1）通过对体育教师的教育学、心理学等教育学科课程和体育专项技能、体育学科知识、专业课程的选择与开发，提升体育教师职前的专业知识与能力、运动技能。

（2）通过对体育教师的思想觉悟与道德水平等思想信念上的培养，提高职前体育教师的社会责任感，增强职前体育教师的职业信念。

（3）通过对体育教师信息技术课程的培养与开发，增强体育教师职前获取、评价、利用有效信息的能力，提升他们自身的信息素养。

2. 强化实践运用水平，提升教学能力

实践运用是体育教师职前培养教学能力的重要途径，是体育教师职前将专业综合知识与能力具体应用于实践，从而提升自身教育能力的重要实践活动。强化体育教师职前实践运用的水平，要通过加强体育教师职前的内部专业综合知识与能力转化到外显的教学实践能力。

（1）加强体育教师职前对教育实践的认知与重视程度，强化对教学课堂的观摩、增强实践运用的认知。

（2）加强体育教师职前在日常学习中的实践环节，将他们作为课程学习中的主导者。

（3）增强体育教师职前以体育教育见习和体育教育实习为主要基本形式下的多种教育实践模式的发展。

3. 多方位提升教师的综合素养

对职前体育教师核心素养的培养还需要从多方位全面地增强。要通过提高体育教师职前在学习生活中对问题的洞察、思考、分析、能力来增强问题解决能力和打破常规的创新能力；要通过提高体育教师职前在学习生活中充分利用人力与客观条件提高小组、班级、团队的学习工作效率的能力，以此提高领导能力反思能力；要提前培养体育教师职前对课程学习与个人生活的平衡管理能力，以此来增强职后工作—家庭平衡管理能力。

（二）体育教师的职后提升

1. 优化发展与评价机制

高中体育教师核心素养整体发展不平衡，是在认知到提升过程中的不平衡，优化体育教师职后的发展与评价机制是十分重要的。让体育教师更加认清自身在核心素养导向下所处阶段、发展问题、提升程度等，对优化体育教师职后的学科

核心素养培养能起到发展机制与评价机制上的双层效果。

优化体育教师的管理体制，保证个人基本权益与理想需求，在一定程度上能保证对体育教师的关怀与重视，促进体育教师个人的自由发展。在此基础上，制定以人性化、公平化、科学化、透明化为前提的良性竞争机制，可使体育教师在教育工作中通过良性竞争不断提升自身体育教学能力，最终实现自我理想化的发展。

高中体育教师学科核心素养具有一定的特殊性，这种特殊性来源于学科的特殊性，其中的专业知识与能力、运动技能等是体育教师独有的专项技能，对体育教师的考核评价应该以具体专业技能为出发点，再综合教师年龄、性别等特点，进行特定制度下的考核评价。

2. 优化教学工作的环境

教学工作环境是影响职后体育教师学科核心素养发展的重要外部因素，虽然职后教育工作很大程度上是受个人认知、职业能力的支配，但教学工作环境也会对职后体育教师学科核心素养的提升与发展产生一定的影响。

教学工作环境的优化会提升教师对自身的认同感和职业幸福感，一定程度上也会增加体育教师的职业信念感。所以，需要学校为体育教师提供工作和发展上宽松、自由的环境。良好的校园文化氛围在增加学校的文化底蕴的同时，也为体育教师树立正确价值观和良好的职业观造就良好、积极的职业氛围。

3. 拓展提升的渠道

体育教师职后学科核心素养发展的重要环节，是体育教师拓展提升自身的能力水平的环节，是为了不断适应教育的理念和要求的变化过程，所以多样化拓展体育教师的提升渠道是十分重要且必要的。

（1）增加体育教师定期培训，以更新教学理念、教学思想，帮助体育教师全方位、多层次、立体化地提高自我认知和教学综合能力的提升。

（2）强化体育教师对教育科研课题的不断探究。以专业知识理论和科学研究的思路，在课程教学的过程中发现问题、解决问题，可以使体育教学工作得到良好的开展，同时也使教师自身发展得到提升。

（3）进一步打破体育教师之间、学校之间、地区之间的交流壁垒，增强相互之间的学术交流与考察学习，开拓职后体育教师在教学工作上的新思路与新视角。

第六章

高中体育与健康学科核心素养培育路径

第一节　完善高中体育与健康线上课程的开发与辅助

一、Moodle 网络课程教学平台的辅助教学

（一）Moodle 网络课程平台概述

Moodle 是面向对象的模块化动态学习环境，是由澳大利亚教师 Martin Dougiamas 基于建构主义教学理论而开发的免费、开源的课程管理系统。它能满足师生的教学需求，教师可以在平台上灵活地配置学习课程模块，如学情问卷、测验、作业、讨论等；学生则可以按自己的需求选择相应的学习课程，自由学习，开展交流。这给教师与学生构建了一个无障碍的互动空间，让二者能更方便地进行探讨和解决问题。

Moodle 网络课程平台的模块有作业、测验、课程和互动等。

1. 课程模块

教师基于 Moodle 平台可以对课程涉及的所有内容进行全面设置，让课程活动配置更加灵活。学生之间和师生之间可以通过问卷调查、论坛、投票、聊天、资源、专题讨论、作业和测验等方式开展教学。学生可以在同一个页面中查看教师对测验和作业以及论坛等环节的打分情况，教师也可以根据学生的需求将电子文件提供给学生下载使用。平台对学生的使用情况进行全面跟踪，并以图形报告的方式呈现在页面中，包含了阅读次数和最后访问时间等细节内容，同时还能根据学生的讨论和学习情况整理出属于他们自己的学习故事。

2. 作业模块

在该模块，教师可以设定作业的截止时间，根据学生完成作业的情况进行评分。学生基于该模块能够将不限文件格式的作业上传，而且上传时间也被服务器记录下来。学生若推迟提交作业，教师对学生推迟的时间也能够掌握得一清二楚。教师可以

在同一页面内完成对学生作业的评估和打分，并通过邮件的形式发送给学生，每个学生的作业页面都会相应显示出教师的打分情况。

3. 互动模块

该模块记录了学生之间和师生之间开展的所有谈话内容，便于后期查看，而且学生也能通过平台进行课程内容的复习和再次观看。互动模块主要以文本的形式进行互动，具有同步和平滑的特征，学生和教师可以选择类型丰富的论坛功能，作者的头像会通过内嵌的方式附在每个帖子中。教师可以设置论坛的功能，也可以在论坛中简便地更换话题。

4. 测验模块

教师可以自由定义和删减模块中的题库，根据不同测验内容选择合适的题目，也可以根据题目类型的不同进行划分，便于日后使用。基于该系统，教师可以根据学生的回答内容进行自主评分，并设置正确答案的显示情况。

（二）基于 Moodle 网络课程平台的体育与健康课程设计原则

在进行体育与健康课程教学设计之前，首先应了解 Moodle 环境下教学平台的设计原则。

1. 内容的开放性

开放式教学是以平台为基础，充分发挥平台海量学习资源的作用，让学生的主动学习和自主学习立足于广泛的教育资源的基础之上，从而开阔学生的视野，拓展学生的知识面。教师可以将开放式教学运用到体育与健康学科的教学活动中，提供充足的条件和空间，让学生自主开展探索性和开放性的学习，推动学生学习能力、创造能力及信息能力的培养和提升。学生在开放式学习中，灵活运用获取、加工和发布知识的过程来解决实际问题，使得信息分析能力得到提升。

2. 教学材料表征的多媒体化

多媒体技术就是对图像、声音和文本以及图形等多种信息进行交互式的综合处理，让信息之间形成一定的逻辑关系，从而构成具有交互性特征的系统。总而言之，多媒体技术的本质就是利用计算机对声音和图文信息进行综合处理，具有实时性、交互性及集成性的特征。

体育和健康课程的重要内容之一是健身知识，由运动与营养、运动创伤的预防和处置、健康的生活方式、青春期健康和运动方式等内容共同构成。要想让学生全面了解和深入理解心肺复苏技能和急救知识，教师要充分发挥多媒体技术的作用，利用图片和视频等多样化的方式将心肺复苏的教学内容呈现出来，让学生对这方面内容的理解更加直观和形象，再利用假人开展实际练习和操作，便于学生对这方面知识的掌握。需要注意的是，在健身知识传授过程中，最重要的是实践操作，利用教学视频可以让教师和学生之间的距离缩短，取代教师以往简单的讲解过程。教师带领学生一起观看视频时应根据学生的疑问或重难点知识随时暂停视频，做出相应的分析和解答，从而增强学生对心肺复苏理论知识和操作知识的深入理解。

多媒体技术在运动认知上的运用，不仅能够将复杂的操作进行简化，还能让学生对抽象的教学内容和概念有更形象的理解。在教学过程中，教师和学生以及教学多媒体技术之间存在相互依存、相辅相成的关系。

3. 线上互动评价

教师要想激发学生的学习积极性，就必须要充分发挥积极的引导作用，给予学生充分的肯定，让不同的观点发生碰撞和交流。任何一个人都希望别人肯定自己付出的努力，学生也是如此，这便需要开展线上互动评价。课堂教学活动中也存在互动评价环节，但是线上互动评价具有更大的优势。

4. 师生共建教学资源

教和学共同构成教学的过程，教师主导教学活动，学生也在学的过程中发挥作用。当以网络环境作为基础的教学平台运用在教学活动中时，教师不仅可以将教学资源发布在平台上，学生也可以将教师审核后的优秀教学资源上传到平台上。比如，在开展羽毛球扣杀技术动作教学活动之前，学生就可通过平台上传自己在比赛中使用的几个扣杀动作图片或视频，以便进行学习和交流，其他学生需在教师审核之后才能观看和学习这些动作。在这个平台上，师生共同构建教学资源的方式，不仅能将学生学习的积极性和主动性充分发挥出来，还能帮助教师减少一些备课和准备教学资料的时间，一定程度而言，这样也能激发学生的求胜欲望。

(三) 基于 Moodle 网络课程平台的体育与健康课程功能模块

1. 功能模块的开发原则

从开发利用 Moodle 网络课程平台的原则出发，立足于学校的实际教学情况总结后，体育与健康教学的开发原则主要包括以下内容：

(1) 整合教师优势的原则

与其他学科教师相比，体育教师在运动能力方面拥有非常大的优势，他们在提升专业技术方面花费了巨大的时间和精力，认为身体活动应占据体育课程的大部分时间，对网络辅助教学在体育课程中的运用接受程度较低。此外，可能也因体育教师所具备的网络能力和水平不够高，很难利用网络化升级课件。Moodle 平台的功能模块进行开发，一定要与教师的能力和特点相结合，不能要求所有教师都利用它开展体育与健康课程辅助教学。

(2) 坚持取长补短和因地制宜的原则

不同类型学校具有不同的特点，将网络辅助教学运用到体育与健康课程活动中，并不是一件简单的事情，要与师资力量、学校网络资源、家庭背景和学生能力等因素相结合，对相关模块和项目的内容进行设置，如果在教学过程中忽视其中任何一种因素，就无法推动网络教学项目的顺利开展。

(3) 坚持以学生作为主体的原则

学生是学校开展任何教学活动的主体，开发和设置体育与健康课程的项目和模块内容时，始终要坚持把学生的健康放在首位，强调学生在教学中的主体地位，与学生全面发展的需求相结合，与学生的认知能力、年龄特征和生长发育特征相结合。

2. 功能模块的开发内容

(1) 发布内容

教师要根据具体课程教学需求选择教学内容，在辅助课堂教学中充分发挥包括图片、视频、作业等在内的教学核心的作用。这些内容呈现在网络平台中具有实时性和灵活性的特征，教师可以结合自己的教学需求随时调整和改进上课内容，可以设置提交作业的时间，让学生超过时间之后便无法提交作业，从而让学生在作业完成方面养成良好的习惯。

(2) 检测和作业

一般来说，作业是针对教学后开展的相关活动，目的是推动学习任务的圆满完成。作业在学校教育领域包含两方面的内涵：第一是从教师的角度，可及时了解和掌握学生的学习情况，布置相关的学习任务以考察教学效果；第二是从学生的角度，学生对课程接受程度和认可程度的重要衡量标准便在于作业，可将自己的作业提交到教学网络平台让教师评价，之后教师将相关改进意见和评语反馈给学生以便于他们改进。

(3) 互动平台

教师和学生共同建构网站资源时，无形中也将一个小范围的互动平台建立起来，在这个平台上教师和学生共享资源、互动交流。教师可以充分发挥平台的功能和作用，对讨论模块进行设置，让学生把课后作业和实时赛事、上课内容的理解发表在上面，共同交流和讨论。

二、高中体育与健康校本网络课程设计

(一) 校本网络课程

1. 概念

校本网络课程是指学校依据国家或地方课程纲要，结合学校特点、条件和网络虚拟环境，综合本校学生的现实兴趣和未来发展的需求而编制，并通过网络来体现的某门学科的教学活动的整体。

校本网络课程开发的实质，简单地说就是综合运用校本课程开发理论与网络课程开发理论，力求充分发挥校本课程和网络课程的各自优势，并有意识促使叠加优势产生的课程开发。也就是说，在进行网络课程开发时，在把其当成校本课

程来开发，但要突破传统校本课程开发理论的束缚且不能丢掉网络课程的优势。

2. 基本特征

校本网络课程既是现代课程论的研究领域，又是现代教育技术的研究领域，具有跨学科的性质，可以说是一种新的课程形态从校本网络课程概念出发。借鉴校本课程与网络课程基本特征，可以总结出校本网络课程的如下特征：

（1）开发主体多元化

校本课程的开发模式和国家课程的开发模式不同，校本课程是自下而上的，开发主体也具有多元化，可以是个人也可以是集体而国家课程的开发模式推广为主，是自上而下的课程开发，并且开发主体是单一的，这样虽然使开发获得的课程质量有保障，但各学校之间的差异化诉求却无法满足。

校本网络课程的开发模式和校本课程的开发模式相同，都是自下而上的，但其开发动因是由于当下网络对学校教育的冲击力度非常大，所以务必要自主地探求发展，而不是因为受到教育行政部门的压力才去开展。学生、教师、家长、课程专家、教育行政人士、社会人士都可以是校本网络课程开发的主体，但以学校教育行政人员和教师为主，他们在校本网络课程开发过程中肩负着主要责任。

校本网络课程在技术上必须有网络的支撑。网络给人们的交流提供了既有隐私保护又不受时空限制的全新模式，人们可以随时随地地自由交流。课程各开发主体对课程的建议和看法，可以通过网络平台进行跨区域的沟通和互动，各方主体都可以借助网络的渠道参与进来。

虚拟与现实结合后形成的环境就是校本网络的开发环境，所以也可以说虚拟主体与现实主体的结合成为校本网络课程开发的主体。在课程的开发中，主体有可能远在国外，但是仍可以给课程开发提供一些帮助与支持。

（2）教育互动扩大化

教育互动就是在教育活动中，教育者和受教育者之间产生互动行为。在传统的课程中，教育互动就已存在，但这种互动更多地存在于课堂中，出现在师生之间，而校本网络课程的互动较为广泛，主要表现在以下方面：

第一，互动的主体不限于教师和学生，还可以有其他主体。首先，人机互动在校本网络课程中最常见，计算机现在已经越来越人性化发展，网络资源也越来越丰富，学生与计算机之间也可以畅所欲言。其次，学生通过网络可以和本专业教师以外的其他课程主体进行互动。

第二，时空限制随校本网络课程教育互动的出现而被逐步打破。非同步交流在教育活动中越来越多，很多交流未必要同时进行，学生们可以在课程留言簿上留下自己的问题，也可以通过邮件形式发送至小组成员及教师的邮箱，将自己关于课程的问题进行阐述，并进行网络交流。

第三，非直接层面的互动也加入校本网络课程中，让互动的形式变得多样化，使学生们变得更加活跃。

（3）开发过程动态化

在课程内容更新上，传统的文本课程更新比较缓慢，难以跟上时代步伐，但是如果利用网络课程完成更新，不仅能与时俱进，还没有额外的支出。在多元主体的指导下，网络课程开发者在对课程内容进行调整时，除了可以按照这些多元主体的指导进行调整，还可根据社会最新的发展和课程利害相关各方的需求等来进行，这样一来，校本课程通过网络媒介的即时性就可以得到突显，而且也不需要额外的花费，让课程开发真正地实现了民主，也大大缩短了课程开发的周期。

网络具有动态更新和开放性的特点，校本网络课程在开发的整个过程中，本质上就是对以上特性的拓展和应用，根据全方位的反馈，对课程不断地做出调整，力求达到最好效果，圆满地完成课程的目标要求。网络交互手段在校本网络课程开发过程中也被得到充分的利用，如课程留言簿、E-mail、课程网上数据库、课程 BBS 等，让课程的动态性、开放性都能得到保证。如果教师或者学生想把自己的典型案例添加进课程中，校本网络课程也是允许的，校本网络课程的构建是在对各主体开放的基础上进行的，所以课程对学生、教师、生活、社会、时代都有十足的贴近感。

（4）学习环境开放化

学生在传统课程的学习中学习环境较固定，而在校本网络课程中的学习环境是开放的、立体的，是虚拟与物理共存的。在人的因素方面，校本网络课程开发立体化具体表现为：学习对象除了自己的任课教师之外，也可以是班级内外的其他同学，或者是其他学科教师。学生对课程的认识受学习环境立体化的影响，他们对课程的基础认知和多元化的价值观的认识也变得更全面、更深刻。

（5）师生关系民主化

校本网络课程是从互联网时代课程中衍生的，所以互联技术的时代精神也会从校本网络课程中体现出来，即师生在校本网络课程中关系上的民主与平等。

校本网络课程的出现改变了传统学校知识分布，改变了师生关系。比如，传统学校体育课上，体育教师是权威的象征，每一个体育教师都会尽力在课上维护其权威地位，尤其是体育实践课。在体育实践课上，体育教师命令式的口气比较突出，仪态也比较威严，学生处于被动从属的地位，有时限制了学生学习的主动性与创造性，使得学生的全面发展成为一句空话。而体育的校本网络课程从课程的开发到课程的实施与评价，教师与学生之间都是一种平等对话的关系，教师不再被认为是唯一的知识来源，教师的观点也并不是天然正确的，课程为学生提供了一个民主、开放的学习环境，让学生能接触到网上丰富的体育与健康知识。

（6）课程资源丰富化

网络具有海量存储的特性，在互联网上存在大量与课程有关的资源，教师可利用这些资源来进行自我提高与改进教学，学生可利用这些资源进一步学习。

（7）学习过程合作化

校本网络课程的教学思想从灌输式教学改变为开放式教学，提倡平等、交流、合作的教育教学模式，为学生提供了丰富的交流手段，也为学生在学习过程的合作提供了便利条件。

在促进学习进程合作化的同时，校本网络课程的学习过程还暗含个性化。网络具有时空不限性、多媒体性，这方便了学生不同的学习习惯，能满足学生的学习差异性的要求。也就是说，校本网络课程学习过程的合作化是在个性化基础上的合作化，是异质合作化，而不是僵化的合作化，这样的合作化学习过程一方面能促进学生自主学习能力的提高，另一方面能发挥学生的个性从而促进学生对学科知识进行创新。

(二) 高中体育与健康校本网络课程的变化

互联网为学校教育造就了一个全新的社会政治、经济、文化和生活环境，这个环境是现代学校教育赖以生存的基础，是现代学校教育的活动空间。同时，互联网的出现造成了现代远程教育的大发展，数量不断增长的网校已对学校教育形成一定的冲击。在这个全新的教育环境里，教育工作者与课程问题研究者绝不能囿于成见，更不能对这种变化无动于衷。社会生活的方方面面皆已"触网"，学校教育也不能独善其身。探讨网络环境下学校教育的发展新思路和网络环境下的学校层面的课程开发问题就成为理论上的必然。

互联网已造成中学生的学习环境及学习心理的改变，这无疑客观上要求加强对高中体育与健康校本网络课程变化的研究。这些变化具体如下：

1. 网络环境下学生学习环境的变化

（1）学习时间由固定转向灵活

传统意义上中学生的学习时间是固定的，尤其是有指导的学习时间，因为作为指导者身份出现的教师的上课时间是固定的。现在学生可以尝试借助网络在线的指导者进行学习，亦可通过电子邮件或电子公告板来寻求异步的学习帮助，而未来还会变得更为方便。在网络环境下学生完全可以在自己有效的学习时间内进行有效的学习，有了自由支配学习时间的可能。灵活的学习时间使得各种学习类型学生的潜能得到激发，"猫头鹰型"与"百灵鸟型"都能各得其所，学生在课堂上没有领会掌握的内容在课余时间可以得到完全自主的解决，不会成为进一步学习的障碍。大胆地设想一下，如果中学生可以完全自主选择网络环境下的自习课学习方式，将会让他们的学习能力得到充分的发挥。

（2）学习空间由固定趋向开放

教室是传统中学生获得知识的主要场所，它是具体的、有形的，同时也是固定的。互联网技术的出现给学生提供了一个开放的、虚拟化的学习空间。依靠网络互联，可以实现在学校、客厅、图书馆各场所的网络学习，互联网络空间还极大地拓展了学生的知识领域，并给学生带来大量的、全方位的信息，网络突破了区域限制所带来的视域狭隘的影响，学生的学习方式也进行着深刻的改变，天南地北的学生瞬间可以变成面对面的学习伙伴。

（3）知识获取渠道由单一变为多维

学校通过教师对教材的讲授来达到传授知识的目的，是单一的。随着网络资源的便捷获取，学生获取知识过程变得更为容易，也不再局限于学校里的教师，众多的教育类网站以及门类齐全的网络在线课程为学生的自主学习提供了强大的资源支持，付费的与免费的在线指导者可给学生提供学习上的定向帮助。此外，数量众多的专业性网站也为学生进行深度学习提供了可能，不用出门就可接受国外的教育成为可能，网络资源与学习机会已呈扑面而来之势。

（4）日常交流增加虚拟维度

现在及将来的学生在心理交流方面横空多了一个电子虚拟维度。此维度下的交流与现实交流相比较有其独有的特征，具有虚拟性、隐身性、扩大性、文字性。目前中学生在网络上进行交流较多采取在线聊天的形式，这种非直接交流的形式突破了地域限制，扩大了学生的交际范围，学生的不良情绪可以得到部分释放，在某种程度上能消除学生的部分心理问题。由于中学生自制能力与分辨能力相对较弱，网络交流也会产生较大的负面影响，所以，正确引导学生的网络交流也成为学校教师应研究的重要课题。

（5）网络成为一种新的娱乐工具

学生处于空闲、无聊、烦闷的时候，皆可通过上网来消遣以打发时间。据调查显示，上网娱乐已成为目前我国中学生消遣的主要内容，它不受时空限制，是可随时进行的一种新兴娱乐工具。

（6）网络语言成为流行文化

随着网络不断的发展，网络文化也随之出现，主要表现在语言与行为上，且语言比行为出现得要早。网络语言不只单单存在网络上，即使在传统媒体上也频繁地出现，成为全社会的热点。青少年本身对新鲜事物接受得就快，另外加上媒体的影响，网络语言于是在青少年中广泛地流行起来；在学校青少年比较集中的地方更少明显，而这些文化对他们的日常学习和生活有着很大的影响。

（7）网络的传播功能突现

网络在传播界被称之为"第四媒体"，具有全球化、多元化、实效性、包容性、易检性、传播快、互换性等特点。网络的传播会激发起受众的两方面需求：一方面是让受众参与其中，追寻精神上的满足感；另一方面，提高了受众对信息品质传播的要求。中学生是受众群体的重要组成部分，对传播媒体的期待值也在提高，这可能会让学校的教育受到很大的影响，所以无形当中使得变革传统教育方式的意愿得以强化。

2. 网络环境下学生学习心理的变化

（1）课堂上传统教师权威的解构

教师的权威可分为传统的权威、制度的权威、知识的权威、人格的权威四种构成类型，其中，知识的权威对教师来说是最基本也是最重要的。一个没有知识权威的教师很难建立人格权威，其制度权威与传统权威也容易被学生所忽略。教师权威对学生的学习影响极大，在学校有权威的教师相对而言能取得较大的成功。

网络的出现打破了教师的传统知识权威，学生所需知识不再为学校教师所专有，网络上存在海量的相关信息，能为学习者提供帮助，只要学生感兴趣，能在网络上寻获任一学科、任一问题的专家级帮助，相反，学校教师不可能是全方面的专家，不可能对所有知识都有专业的理解。所以，相当多的教师开始感叹现在的学生难教，有时候学生某一方面的知识比教师还要广，提出来的问题也会让教师越来越不知所措。前互联网时代的学生总认为教师什么都会，提出的什么问题教师都能解答，但现在学生偶尔也能发现教师有不了解的知识，使教师是知识拥有者的光环慢慢自然消解，因知识的相对独占产生的教师知识权威也正在渐渐消退，所以，教师应考虑如何在网络时代的重建其权威。

（2）学习上多元化价值观的形成

在我国接受传统学校教育的中学生易于形成单一的价值观，因我国学校教育的传统是重视价值一元化，对学生的价值观的评价取向是单一的。但现在网络的出现打破了学校教育的格局，学校教育的力量在学生价值观的影响上受到网络上多元价值观的强力挑战。现在的中学生在网上冲浪的时间越来越多,其价值取向也越来越分化,部分学生已接受了非主流的价值观,还有部分学生接受了一些不良价值观,对他们的学习产生了一些消极的影响。

后现代主义学者认为,多元化的价值观和非中心主义是现在及未来知识经济社会的特征。而就目前我国来说,网络正是实现这一特征的最有力的工具。中学生是社会的新生力量,多元化价值观的形成和中国社会的进步,是不能倒退回去的。多元化的价值观在中学生学习上会导致不同的学习价值观,产生不同的学习动力观,这一情况不容忽视,教师在进行学习动机激励时要根据学生不同的价值取向采取相应的方式、方法。

(3) 学习中交流欲望的增强

在网络上进行的虚拟聊天会极大影响线下生活中的交流,这是当下人们的普遍认识。有些学者认为线上交流会对学生现实中的交谈造成负面的影响,进而造成学生在现实中的交流出现障碍,这种现象虽不常见但也偶有出现。中学生在网上感受到的是比较随性的、范围广泛的便利交流,一些学生在网上学习过程中可以做到灵活和随意,能更好地交流学习心得和体会。网络还可以满足交流的便利性,如果发现学习中无法解决的问题,学生可以随时随地利用网络系统跟同学与教师交流而不用等到第二天来到学校解决。通过网络资源的获取与积累,教师也能产生比以往更多更好的想法,这也是教师要多加关注的方面。

(4) 学生自主意识的发展

与发达国家相比,中国学生缺少一些自主意识,这与中国长时间形成的教育观念有关系,不过目前这样的情况正在逐渐改善。现代的心理学指出,如果一个人长期面对很多种选择,并且他有权利和能力选择的时候,他的自主性便会表现出来。传统意义的教育模式就是在固定的时间、地点,通过固有的教育模式进行课堂教学,这很大程度上扼杀了学生的自主意识,再加上传统的填鸭式教育,学生的自主能力更加不可能得到提高。目前的网络给学生们提供开放的、自由的学习空间与丰富的学习资料,也在不知不觉中提供着自主学习的可能。研究表明,中学这一年龄层面的学生在网络普及后,其学习自主性正在缓慢提高,这也是将来发展的趋势。

(5) 学生对教育心理期盼的提高

现在的网络提供了包容、开放、便捷的信息交流和获得方式。因为年龄的缘故，中学生通过网络获取信息快速和准确的模式，能够获得更多的心理满足。随之也会将对网络学习的期待转移到平时的学校课堂中来，从而大大提高对学校教育的期待，会从内心深处开始期盼教学模式及课堂内容能够改变，期望教师可以打破以往的教育模式，结合网络资源以形成开放、自由的教育模式。

(三) 高中体育与健康校本网络课程的开发

1. 开发理念

课程理念是指导课程行为的思想观念和精神追求，具有很强的主观性与阶段性。在梳理校本网络课程的现有认识与参考高中体育与健康学科特点的基础上，以下提出高中体育与健康校本网络课程开发的三个基本理念：

(1) 从课程具体环境出发，创设良好的课程氛围

高中体育与健康课程不是一个孤立的系统，而是整个教育系统中的子系统；教育系统则是社会文化系统中的一个子系统，随社会文化系统处于整个社会复杂的大系统中。因此在研究高中体育与健康课程这一对象时，不能把视角局限在高中体育与健康课程这一系统之内，必须把其置于整个社会的视域之下。因此，在开发高中体育与健康课程时，不能仅从课程内部和课程理想出发，还要考虑其具体的课程生存环境，清楚课程与现实环境结合的紧密程度影响着课程思想能不能落到实处。

高中体育与健康校本网络课程开发是以具体学校为基地进行的课程开发，既要确保课程与学校和社区的具体环境相协，又要坚持以网络为载体，通过网络打通学校与社会的通道，确保课程与环境的协调扩展到社会层面。也就是说，高中体育与健康校本网络课程的开发既借助已有的校本课程开发思想，又突破了原有校本课程开发思想的束缚，从而使课程呈现出与其外在环境真正协调的状态。

高中体育与健康校本网络课程开发是学校教育行政人员、教师（包括其他科

目教师）与学生的共同参与，教育行政人员和其他科目的教师参与到课程的开发过程中，并且接受了体育课程的理念与认同了体育课程的课程地位，体育与健康教育的开展才能顺利进行。目前教育行政人员与其他科目教师对体育与健康的偏见正在影响着体育与健康课程目标的达成。高中体育与健康校本网络课程开发通过网络连接校内外，关注与学生家长的交流，关注与各地关心此课程人士的交流，鼓励不同体育思想的交锋与融合，为体育与健康课程创设良好的社会环境。

（2）关注学生的不同差异，提升课程的个体价值

高中体育与健康校本网络课程开发强调最大程度地满足学生的个体差异与不同需求，尊重学生的自主权。高中体育与健康校本网络课程不仅提供大量的可供学生选择的学习内容，还就同一内容以多媒体技术为基础开发出多种呈现方式。这样，学生因身体条件、生活习惯、家庭经济条件等原因产生的对体育内容的不同需求就得以满足，属于不同学习类型学生的差异性同时亦可得以关注。

高中体育与健康校本网络课程的教学环境既存有网上虚拟环境又存有线下课堂现实环境，追求线上环境与网下环境的完美结合，即在传统的班级授课制情形下充分利用网络技术达成个别互动化教学的效果，使班级授课制产生时代新意，从而满足因材施教的教育要求，达到因人而学的新境界。

传统体育课程推崇客观主义的知识观，视体育知识为普适的、可传授的。在此知识观支配下，体育教学是教师向学生灌输知识，学生被视为知识的容器。由于体育知识被潜地的认为是普适的，所以在教学活动中，学生难将知识与自己的已有经验结合起来，不利于学生的知识整合，也不利于体育知识的创新与发展。高中体育与健康校本网络课程开发强调个人对知识的建构性，重视发掘体育知识的个人意义，努力做到体育与健康知识与每一个学生的实际生活息息相关。

高中体育与健康校本网络课程的开发，强调开发过程的动态性，尤其注重学生主体在课程开发全过程中的作用，课程要求课程开发全过程中学生的积极主动参与，并据此作为对学生进行课程评价的一部分。学生的奇思妙想，学生心灵智慧的闪光，就是课程的素材。课程决不忽视每一个学生对体育与健康知识的创新，也不逃避学生对课程内容的争论。由于学生的创新能得到认可，并能以课程

内容的形式在网上呈现出来，学生的创新意识就会大大提高，也进一步促进学生创新能力的提高。

高中体育与健康校本网络课程的开发还强调开发主体的多元性。学生所接触到与课程相关的信息，不仅从其任课教师得来，其他教师、课程专家、外地学生等开发主体也是信息提供者。因此，学生能接触到多元的体育思想、多元的运动项目、多元的健身方式，其思路就会被打开，思维就能趋于活泼而避免僵化，学生的创新能力也就有了提高基础。

（3）强调双向交流，确保教学过程中师生的协调发展

高中体育与健康校本网络课程开发提倡开放式、个别化的教育教学思想，打破了传授式教学思想的束缚，承认体育与健康知识的个人建构性意义，教师与学生平等关系，鼓励教师与学生之间的对话；注重教师个人经验在教学中的作用，提倡教师知识的个性化，要求教师不断地提高专业水平，从而提高体育教师的职业效能感，达到促进教师与学生共同发展之目的。

2．开发原则

（1）科学性原则

高中体育与健康校本网络课程开发中的科学性原则包含两个层面：第一，高中体育与健康校本网络课程的表现形式要符合屏幕认识理论与中学生的心理特征；第二，高中体育与健康校本网络课程内容的选择要确保所选内容的正确性与真理性。高中体育与健康校本网络课程科学性原则是课程生命力的保证，要求课程设计者进行严格谨慎的设计。

①课程表现形式的科学性

网络媒介不同于传统的纸质媒介，表现能力相当强，表现方式相当灵活，具有多媒体的特性。同一课程内容可用视频来表现，也可用音频来表述，这是网络媒介相比于纸质媒介的一大优势，但同时也对课程的设计者提出较高的要求。关于屏幕设计值得研究的主要理论之一是格式塔理论，其主要目标是探讨感知及其与学习的关系。此外认知理论与建构主义理论也应是网页设计者应考虑的主要理论基础。在课程网页的屏幕设计方面，设计者要注意以下方面：

第一，每一课程网页包含的信息要适量。每一课程网页的长度一般要限制在2—3屏的篇幅内，信息负荷过大与过小都不利于学生的学习。

第二，课程网页的颜色搭配最好不超过3—5种，而且其中有一种主色调，居主导地位。

第三，在课程网页设计中确保背景不影响主体信息的清晰度。要让学生明确地感知到课程设计者要表达的主要内容，不能因形害意。

第四，在设计课程网页的屏幕布局时，应把相关信息放在一起，让学生一眼就看出这些信息属于一个整体，而非孤立的成分，这样就能减小学生的认识负荷。

第五，可用色彩、动画、闪烁或其他手段吸收学生注意课程中的关键部分，但其使用应便于学生注意信息本身而不会引起学生的认知模糊。

②课程内容选择的科学性

课程内容选择的科学性是指要确保所选内容的正确性与真理性，这一原则反映的是学校体育的基本要求，揭示的是所选用学科内容是正确还是错误的，解决的是自由选择和规律约束性的问题。高中体育与健康校本网络课程的开发是学校层面的自主开发，受课程政策的约束力较小，开发者的自由度较大，可以自主选择课程内容，但是这种自由不能变成随意选择，要受学科基本规律与教育基本规律约束，要确保所用内容是正确的、合理的、适用的。贯彻这一原则要注意以下方面：

第一，精研国家课程标准，坚持以国家课程标准为导向。课标体现了国家的教育目的，给出了学科的基本内容，揭示了学科的基本教育功能，是高中体育与健康校本网络课程科学性和获得发展的良好保证。

第二，用精确的语言揭示课程内容的层次。高中体育与健康校本网络课程开发必然允许开发者选用能引起学生讨论的内容，学习前明确告诉学生，可以根据内容引发思考，并让学生表达自己的想法。

第三，课程内容的选择要符合学校及学生的实际，处理好普适性与个别性的关系。只有具备一定的普适性又适合特定实际的，才是高中体育与健康校本网络课程所追求的。

（2）一体化原则

高中体育与健康校本网络课程开发的一体化原则，是指对课程开发的目标、内容、实施与评价进行一体化开发，四位一体不可割裂。一体化原则是由高中体育与健康校本网络课程开发的特性所决定的，高中体育与健康校本网络课程开发在本质上是一种整体开发。网络是一种新的课程环境，给教学模式的创新提供了极大的空间，这亦是高中体育与健康校本网络课程的优势所在，要求在进行课程开发时必须进行整体开发。贯彻一体化原则要注意以下方面：

①内容选择、表现方式与教学模式创新一体化

高中体育与健康校本网络课程的内容选择因其开发层次的原因，内容选择比较灵活，选择面也比较宽，表现形式也有多种选择，这是网络提供的便利。但从目前来看，多媒体的表现形式在某类教学材料的表现方面的确有优势，但这种优势如果没有相应的教学模式的创新也是不能得以实现的。以强调交互为特性，以多媒体形式开发的高中体育与健康校本网络课程，如果还是沿用旧有的灌输式教学模式就显得有些不伦不类，目前比较适合的教学模式有合作式学习模式、探究式教学模式、问题解决式教学模式、案例式教学模式等，但这些教学模式远远不够，还需要进一步在实践中创新教学模式。

②课程实施与课程评价一体化

单纯、传统的总结性评价方式显然不适合高中体育与健康校本网络课程的评价要求，而理应成为素质教育的有力工具。高中体育与健康校本网络课程的评价模式必须多元化，必须让形成性评价成为主角，学生在课程网站上的态度及日常成果理应成为评价的主要内容，同时要鼓励学生自评、同学互评，引进家长评定、专家评定。

③现实环境与虚拟环境一体化

校本网络课程的现实环境是远程教育中网络课程所没有的，而其虚拟环境则是传统学校教育中课程所没有的，现实环境与虚拟环境的结合是校本网络课程的最大特性。在进行高中体育与健康校本网络课程的具体开发时，一定要把学校具

体的现实环境结合进来，进行一体化开发。

（3）多元化原则

高中体育与健康校本网络课程开发的多元化原则是指多元化的课程主体原则及多元化的课程内容呈现方式原则。高中体育与健康校本网络课程开发的多元化原则是由本身的课程主体多元观及网络所内在的多元化价值观及多元化表现方式来决定的。

①多元的课程主体原则

校本课程开发与国家课程开发的区别是开发模式不同、开发主体不同。校本课程采取的是自下而上的开发模式，开发主体包括教师、教育行政人员、学生、家长、课程专家和社区人士。教师要努力学习网络技术，同时寻求教育技术工作者的支持，进行开发课程网站的尝试，并通过网络把教育行政人士、学生、课程专家、家长、社会人士的意见和要求整合到课程中去尝试。贯彻这一原则要注意以下方面：

第一，教师要认清自己在课程开发中的地位，认识到自己的责任，不断地学习专业知识及课程开发技术。过去一直采用的是国家课程开发模式，教师就是教书匠不仅是社会大众的想法，也是教师群体自己的观念，让部分教师在工作中找不到自己，体验着工作的了无意义。网络时代的高中体育与健康校本网络课程开发必须把这一观念抛开，尤其是教师自身观念必须更新，改变自己的角色定位，而不是只会利用网络来传授国家课程，从而进行真正意义上的高中体育与健康校本网络课程开发，进行课程的创新，成为课程开发的主体，增加个人成就感及对教师工作的认同。

第二，要让学生了解自己也是课程开发的一分子，激发其开发课程积极性，使学生成为课程开发的真正主人，让课程变成与学生息息相关的东西。这就要求在课程开发之初，通过网络和现实环境进行宣传。学生是课程开发的主人的思想在目前还是一种新的思想，而且我们的学生深受传统教育思想及生活观念的影响，一直在学校教育中扮演着被动接受的角色，自主、自律能力缺乏，虽说网络的出现使这种传统受到了一定的冲击，但是传统的影响根深蒂固的，教师必须认识到使学生这一主体参与到高中体育与健康校本网络课程开发的难度和必要性，寻求其应对策略。

第三，寻求将其他课程主体整合到课程开发的过程中来。校本课程开发理论认为，教育行政人员、学生家长、课程专家、社区人士也是课程开发的主体，但是这些主体在我国目前来说只是理论主体，而还没有成为现实主体，必须让他们突显出来。网络宣传是一种很好的方法，目前课程网站上一定要加强这方面的宣传。

②多元的课程内容呈现方式原则

考虑到学生的差异性和每一个学生的发展，理想的课程就应当是同一课程根据学生的学习特性以不同的媒体类型呈现出来，而网络具有多媒体特性，可以存放不同媒体类型的课程方便学生选择，因此网络课程开发者可就同一课程内容开发出声音版、视觉版、视听版、静态版、动态版等不同的版本以适应不同学生的需要。这样一来，就能在同一课程内容框架内呈现出多样性和可选择性，再加上网络的海量存贮能力，网络课程的信息容量足够大，学生可根据自身特性选择不同的内容学习，从而使此类型的网络课程不仅可以尊重学校和社区的差异，而且可以尊重同一学校内不同学习类型的学生差异，真正满足学生的个性化的学习需要，有助于学生的积极参与，提高课程的质量和社会的满意度。

要体现这一原则需注意以下方面：

第一，尽量就同一课程内容开发出不同的版本。

第二，尽量开发较多的课程内容，课程容量要足够大，满足学生需求。

（4）开放性原则

校本网络课程的开发不是静态的，而是开放的、动态的，在课程开发的全过程中要利用网络的开放性、动态即时更新性的特点，给课程开发以全方位反馈，并不断进行调整，以期达到课程目标的要求。高中体育与健康校本网络课程开发过程中要充分利用网络交互手段，如 E-mail、课程 BBS、课程留言簿、课程网上数据库等，保证其开放性、动态性。课程开发要鼓励学生和其他教师把自己的典型案例添加进来，在开放的基础上欢迎各主体动态构建的课程。

贯彻这一原则要注意以下方面：

①更新课程固化形态的传统观念

以前传统观念中的课程是一种为文本媒介所固化的知识形态，在大部分教师和学生眼里课程就是教参、课本及固化的课程表。在开发高中体育与健康校本网络课程的时候必须面对这一挑战，不仅自己要突破，而且还要促进其他人突破。

②坚持民主开放的开发态度

虽然高中体育与健康校本网络课程开发是以学校为基础的，但其开放性的要求使其并不排斥来自校外的意见，而是要强调这种交流。网络提供了一个交流的平台，高中体育与健康校本网络课程应用这一平台，使学生突破地域的限制，突破狭隘的相关课程方面的观念，在多元文化观中进一步理解课程的多样性，培养民主开放的治学态度。

(5) 个性化原则

网络是张扬个性的场所，而校本开发也是教师与学生个性得以张扬的一种课程开发形式，因而高中体育与健康校本网络课程开发更应是一种个性张扬的课程开发，要在课程形态追求个性化，允许开发者发挥个性，体现其课程经验。有特色、能体现个人智慧的课程才是好课程，在保证质量的前提下，开发者应尽己所能体现个性特色。

贯彻个性化原则要确保做好以下方面：

①避免抄袭，力求原创

高中体育与健康校本网络课程开发原则上是一种原创开发，但不可避免地要借鉴他人的成果，网络上存在大量收费及免费的课程资源库及各种各样的课程素材，拿来使用是必然的，但要注意拿的方法及数量，一味地不加以改造地拿，就是一种抄袭，也不符合学校的实际，正确的做法是可以借鉴其课程制作的方法及理念，再结合学校实际进行改造，同时保证一部分课程素材的原创性。

②发动学生及家长进行课程素材的开发

过去，在我国课程专家是传统课程资源的唯一创作者现在已有了部分改变，国家实行三级课程开发制度就是一种尝试。高中体育与健康校本网络课程开发更应突破这一限制，因为网络具有便捷的信息交流功能，学生及家长对课程的想法都能通过网络分享给大家。网络时代也培养了大家平等的话语意识，让学生及家长积极参与到课程开发中不仅使课程本身具有了个性化的特征，还培养了学生及家长的创新能力。

③注重教师个人经验的课程化

高中体育与健康校本网络课程开发对教师的课程开发能力提出了更高的要求，教师不再只是教书匠，而是教育家、思想家，是课程开发的重要主体。在课程开发的过程中教师如何提炼自己的教育经验及人生经验，使之成为丰富的课程资源，成为当前开发高中体育与健康校本网络课程教师必须思考的问题。教师的个人经验中必然具有教育意义的素材，而这种素材又是教师能良好把握且具有明确的现实意义的，这样经验的课程化是校本网络课程形成吸引力的又一特征。

以上这五个原则只是对高中体育与健康校本网络课程开发原则的初步总结，需在实践中进一步深化。

第二节　信息技术与体育学科的深度融合

随着科学技术的迅猛发展，信息技术已经走进了体育课堂，与信息技术深度融合，可以更有效地提高体育课堂效率。体育作为素质教育的重要组成部分，需紧跟时代的潮流，在教学中根据自身学科的特点，充分融合信息技术，让体育课生动有趣、充满活力。在信息时代背景下，各路新媒体平台也应运而生，目前信息技术和新媒体平台已经在各个领域内进行运用，并且已经取得了良好的效果和作用，教育领域亦如此。

一、创设情境，激发兴趣

作为一种教学辅助手段，信息技术直观性和形象性的特点直接作用于学生感官，可以激起学生的学习欲望，并随学习的深入强化和丰富，为学生理解课堂内容打下良好的情感基础。尽管情感必须由学生自己在学习中感悟，但是适当的点拨，使他们入门还是必要的。教师在教学时，利用音乐、图片、动画等制作吸引住学生的注意，这种合理运用能够使教学过程呈现出情景交融、声情并茂、生动活泼的教学情景，符合青少年的心理特征，能够充分满足他们的心理需求，从而很好地激发他们的学习兴趣。

二、形象直观，突出重点

抽象的知识如果用语言来描绘，即便利用一些图标、模型等比较直观显现的手段也会不生动，运用信息技术则会比教师的演示表现得更加直观、更为生动、更容易让学生接受理解。比如在教学气体交换时，教师设计整理教案，制作出气体互换过程的演示动画，用信息课件演示，让看不到、摸不着的生理现象变成生动的形象动画，使学生能在具体形象的画面中亲眼看到气体交换的过程，真正了解肺泡是气体交换站，激发了学生的学习兴趣，从而突破教学重点。

三、信息反馈，完善动作

在体育教学中，让学生掌握正确的动作要领，提升学生的运动能力，使学生增强体质，是体育教学的任务所在。利用信息技术的反馈功能，能够让学生比较直观地了解自己的动作状况，更好、更精准地完成学习的动作要领。学生在学习中，通过不断地模仿、练习、纠正错误动作，以形成正确的动作技术，如果利用了信息技术进行反馈，那么学生就能很好地看到自己的动作，发现并加以改正错误动作，能够起到很好的教学效果。

四、融合音乐，愉悦身心

音乐是节奏性很强的艺术形式，它能让人的生理和心理产生妙反应。在教学时，音乐给学生带来了充分的想象和表现的空间，通过音乐伴奏产生向上的、欢快的、自由的想象，并尽力在体态、气息、仪表等方面发掘人的潜能，可促进身心协调发展。如在队列训练时使用哨子作为音乐伴奏，效果会非常好；给游戏配上音乐，可让学生们的天性很好展现；在武术视频中，音乐伴奏能帮助视频解决掉单调、乏味的缺点，让学生很快融入角色，提升运动适应能力；在体育课结束后播放音乐伴奏来进行整理活动，舒适、节奏缓慢的乐曲能够让学生心理上与身体上得到很好的放松。

总的来说，合理地运用信息技术开展辅助教学，有利于提高体育教学的质量。在实践中，教师应合理使用体育教育本身的优势，在教学过程中不断寻找新方法，使每一节体育课都能展现自己的优势和价值，并在教学改革中寻找出属于自己的发展方向。

第三节　强化体育与健康课程的生命安全教育

一、体育与健康课程生命安全教育的必要性

体育与健康课程要贯彻"健康第一"的指导思想，学校体育要促进学生的健康与生命安全，体育教师就要在平时的体育教学中逐步渗透生命安全教育，使学生在体育教学过程中能够很好地学习生命安全教育的知识与技能。这个既可以填补我国校园安全教育的漏洞，又可以完美诠释新时代素质教育中的体育教学。比如，借助体育课举行一次野外登山活动，有助于提高学生的社会适应能力及生存技巧。在活动中，学生自会接触到自我保护、急救、应对突发状况、攀岩等多种生存技能，在相对轻松愉悦的氛围中增强自我保护能力，又较好地展现了个性，体现出体育教学让学生们在玩的过程中一边学习一边追求快乐的观念。

二、体育与健康课程生命安全教育的可行性

（一）体育与健康课程的优越性与科学性

体育是学校课程体系中非常重要的组成部分，是学校举行体育运动时的基本

实现形式，能有规划、有目的性地提升学生的各项身体素质，让学生学会必要的运动本领，最终促进学生全方位地发展。相比较于其他学科，体育和健康课程有以下几个特点：

第一，体力活动与脑力活动相结合，教学的组织形式更加灵活多样，更加符合生命安全教育的特点。体育课程的开放性与实践性特点为生命安全教育的实施提供了保障，生命安全教育可以在体育理论课上进行渗透教授，使学生在头脑中有感性的认识。之后，可以在平时的体育实践课教学中，逐步将理论知识与实践相结合，加深学生的理性认识，从而掌握安全教育的知识与技能。

第二，体育课是学生在学习期间接触时间最长的学科。大多数学生从上学起就开始接受学校体育教育，在长时间的学习过程当中，学习系统化体育基础技能，提高自身素质，学会基本的运动技巧。假如在最开始的学校体育教育中，体育教师就慢慢地传授生命安全知识，并且在体育技能的传教过程中有目的地培养学生的安全意识，锻炼学生们应急逃生的能力，那么一定会加快学生的全面发展。

第三，体育教学中可以对学生进行相应规则的教育。大部分的体育运动都是在相应的规则下有序进行的，这就在无形之中教育学生在体育运动中遵守相应的规章制度，服从组织管理。这些规章制度在学生的日常生活中能起到潜移默化的作用，使学生逐渐形成遵守规则的习惯。例如，教育学生在拥挤的过道里应遵循有序地排队进出，可以避免踩踏事件等的发生。

第四，体育教师更适合在教学中开展生命安全教育。在安全教育的层面，体育教师在从事职业教育的时候，早就学习了许多生理学、运动营养学和安全教育课程相关的知识，具有能够进行安全教育教学的理论基础。在实际教学中，生命安全教育的许多实际活动特征，和体育及健康课程的有关联的特征相符合，这让体育教师更加方便在体育教学过程中开展生命安全教育。

（二）新课标为生命安全教育提供指引

新课标在运动技能有关方面的学习中严格要求学生"要具备能够安全地参加

体育活动的能力"，在学会与使用运动技能的时候，还应该学会安全地进行体育运动的方法和处置安全问题的相关能力。这是让学生养成良好的体育活动安全意识与能力，不是让学生在运动的时候小心翼翼、蹑手蹑脚。学生全面认识到在运动过程中可能产生的安全问题，才能做好思想跟行动上的准备。此外新课标中的"水平五阶段"给学生指出了"学会运动创伤以及紧急情况下的简单处理方法"的学习任务目标，在"水平六阶段"对学生指出"自觉地关注了解社会中和体育活动相关的不安全因素"，让学生可以很好地了解影响学校、家庭、社会中跟体育活动密切关联的不安全因素，并且提出整改措施，有利于养成学生的社会责任感。新课标中关于安全教育内容的制定，为在体育教学中展开生命安全教育有了理论保障。

新课标继续将学科核心素养培育作为学校体育教学的目标任务，因此应该加大教材内容的弹性和适切性，真正实现学生学科核心素养的培育要求。各地、各校可以根据实际情况灵活地安排体育课程的教学内容，为生命安全教育在体育课上的开展提供平台，使体育教师能够将生命安全教育的内容融入体育课堂中，把体育技能的学习与安全教育相结合，促进学生在提高技能水平的同时能够理解生命安全的价值和意义。

与此同时，新课标在实施与推广过程中增加了情景式教学方法。它是在体育教学过程中，以学生为主体，从学生身心发展的特点出发，将日常生活知识、个人的情感体验引入体育教学中，制造或创设与教学内容相适应的具体场景，从而帮助学生理解体育教学内容，促进学生的全面发展。

因此，体育教师可以根据自然灾害、应急突发事件来创设情景，创编生存自救的体育教学内容，使学生在体育课堂中不仅可以锻炼身体，而且可以掌握必要的应急避险技能。比如，利用肋木、单杠、双杠等器材设置"洪水来了"的逃生情景，让学生在特定的情境中，体验将体育教学内容与生命安全教育知识结合的成果，这既发展了学生的上肢力量和身体的协调配合能力，又增加了学生生命安全知识，有助于培养学生在身处险境时的逃生自救能力。

(三) 体育课程内容开发与教学理念的升华

坚持"以人为本""健康第一"的指导思想，特别指出体育课程对人的健康教育功能，课程内容从"强调竞技技术，忽略体育运动的人文价值与健康价值"的旧体系转换为"增强科学的生命价值观，突出实用化、社会化、综合化，加强可参加性跟可授性"的新体系。所以，体育教育在重视发展学生的体能以及技能的同时，要加大对体育课程有关内容的改变，增加学生应急避险、积极逃生的体能及技巧。

在新课标中开展生命与安全相关的教育课程，体现了大力促进学生身心全面发展的教育理念。在体育教学过程中展开生命安全教育让学生亲身经历成功和失败，增强学生对意志力的考验，提升学生自身心理承受能力，加强学生的思维应对能力，从而实现教育的人性化与个性化完美结合。

三、体育与健康课程生命安全教育的基本理念

（一）"健康第一"指导思想

中共中央、国务院《关于深化教育改革全面推进素质教育的决定》强调指出：学校教育要树立健康第一的指导思想，切实加强体育工作，使学生掌握基本的运动技能，养成坚持锻炼身体的良好习惯。

学生健康问题已成为学校教育和学校体育的重要目标，并被摆在了首要的位置。长期以来，由于我国的学校体育一直在走竞技运动化的道路，体育课堂的教学内容是"清一色"的田径、球类、体操、武术等竞技运动内容，加上过于死板、程序化的教学方法，使大多数学生对体育课程失去了兴趣，体育课也由此失去了它强身健体的本质功能。近年来，学生的体质状况在逐渐下降，速度、力量、耐力等素质在下降，肺活量也呈下降趋势，校园中肥胖、近视眼的学生随处可见。在基本身体素质下降的同时，许多学生的基本生活常识和身体基本运动技能也在下降，很难应对生活中的突发事件、自然灾害，他们的生命安全受到严重

威胁。

因此，在体育教学中开展生命安全教育，要把增进学生健康作为出发点，侧重发展与学生健康相关的体能和技能，并且教会学生在今后遇到突发事件时能够灵活运用。同时，引导学生树立正确的生命意识，锻炼学生强健的体魄，以充分体现体育课程的育人功能。

（二）激发学生运动兴趣，培养终身体育意识

兴趣是最好的老师，学生的学习兴趣直接影响学生的学习行为和效果。学生能否通过体育与健康课程的学习形成良好的体育锻炼习惯，兴趣起着重要的作用。传统的体育教学模式虽然也完成了教育的基本任务，但在激发学生的体育学习兴趣，促进学生积极主动参加体育锻炼方面，却没有起到多大的作用。最终导致许多学生在走上工作岗位以后就渐渐离开了体育，终身体育锻炼也就成为空谈。

学校体育中开展生命安全教育应将激发学生的运动兴趣放在首位，在学生运动兴趣的基础上，体育教师使用新颖的教学方法，将生命安全知识融入体育教学中，创设危机、灾害情景，增加内容的趣味性，吸引学生的注意力，让学生在运动知识技能的学习中获得愉快的情感体验，为终身体育锻炼打下坚实的基础。

（三）以学生发展为中心，丰富安全教育内容

新课改根据学生生理、心理日趋成熟的特点，提出了学生自主学习、探究学习和合作学习相结合的方法，以提高学生的健康水平，在实操过程中，要关注学生全面发展的需要和学生的情感体验，从课程设计到课程实施评价的各个环节，始终有利于学生主动、全面的发展，充分发挥学生的积极性和学习潜能。

生命安全教育是对以人为本育人理念的有力体现，是一种关怀生命的教育。学校体育教学应始终围绕学生发展这一中心，选择以发展学生耐力、肌肉力量和柔韧性等身体素质及增强学生心理承受能力为主的教学内容，不断改善青少年学生的身体状况，增强他们面对困难、挫折的自信心和意志力，增加他们抵抗灾

害、事故的身体和心理保障，提高他们对新生事物和社会性事件的综合性应变能力，以适应不断变化的自然环境和社会环境。

四、体育与健康课程生命安全教育的内容安排

（一）体育与健康课程生命安全教育的内容标准

体育与健康课程改变了过去按照运动项目划分课程内容和教学时数的框架，根据体育学科核心素养的特点，将不同性质的学习目标与内容划分为运动能力、健康行为、体育品德三个方面。

中学体育教学中开展生命安全教育也要遵循体育与健康课程的内容标准，将生命安全教育与体育教学相结合，使体育教学目标从增强学生的体质与培养学生的技能升华到关注学生的未来发展与社会需要，并根据不同阶段学生生长发育的特点和心理特点安排不同的教育内容，提出相应的教学目标。学校通过体育教学这一平台，使生命安全教育更加规范化、系统化，最终使广大中小学生具备自救自护的常识与技能。

1. 运动参与

运动兴趣是学生运动参与的前提。在体育教学中，强调学生的主体地位，改变传统体育课程中教师灌输、学生被动接受的传习式教学模式，注重培养学生参与体育教学中生命安全教育的兴趣，使学生积极地参与其中，通过生命安全、生存技能需求与体育运动中身体基本素质、技能的相关性，启发学生关爱生命，体验生命的乐趣、激情，体验人与人、人与自然、失败与成功等生命感受。

2. 运动技能

运动技能的学习最能体现体育与健康课程同其他文化课程的区别，体育与健康课程学习的结果，主要表现在对运动技能的掌握和身体形态及机能的变化。学生通过学校体育教育，已经对自身的健康状况、技能水平、生命安全意识有了充分的认识，体育教师在传授专项运动技术、技能的同时，应将生命安全教育融入其中，创设特定的突发事故、自然灾害情景，以提高学生掌握遭遇突发性事件、

灾害性事故的逃生技能及自护自救技能。

3. 身体健康

通过在体育教学中开展各种生命安全教育训练，学生了解自身素质的缺陷和身体机能的薄弱环节，为今后的体育锻炼提供依据。体育教学中逐步突出攀登爬越、耐力跑、障碍跑、跳跃、球类对抗等内容，可提高学生的力量、耐力、柔韧、速度、灵敏等身体素质，增强学生的体质，使学生在自然灾害、突发事件到来时能够迅速做出反应，沉着应对。

4. 心理健康

在体育教学中开展生命安全教育，向学生传授基本的生存技能、安全知识的同时，应加强对学生心理健康的引导。在课堂教学中，通过各种合理的运动实践发展学生多种动作技能的同时，设置一定的困难，磨炼学生的意志，要求学生能够挑战自己的体能极限，体验成功与失败、磨难与快乐、竞争与协作的生命乐趣。体育教师根据教学需要定期组织学生进行体育竞赛，赛后组织学生进行总结，引导学生学会肯定别人的优点，认识到自身的不足，最终形成积极向上的心理品质。

5. 环境适应

学校体育中开展生命安全教育具有适应环境和生活化的特征，通过团队挑战项目、逃生模拟练习等内容的教学，要求学生通过团队间沟通、协助、配合，发挥集体的力量克服困难，从而形成和谐的人际关系和良好的合作精神。通过活动中角色的转换，学生亲身体验在困境中帮助别人与被别人帮助的感受，形成当今社会所必需的责任感、竞争意识，提高适应社会的能力。

（二）体育与健康课程生命安全教育的教学内容

新课标遵循时代性、基础性、选择性的原则，重构了体育课程内容，反映体育学科发展的特点，增强了课程内容与生活的联系。新课标在原有体育课程内容的基础上，增加了安全防卫相关理论知识、技能及身体素质等方面的内容，主要包括安全意识教育，安全知识教育，遭遇突发性事件、灾害性事故时的应急、应变能力，避免人身安全和生命财产受到侵害的安全防范能力，遇到人身伤害时的自我保护、防卫和自我救助能力，正当防卫法律知识、健康心理状态和抵御违法犯罪能力的教育等内容。

生命安全教育课程教学内容包括身体安全教育、心理健康安全教育、社会安全教育三方面。其中，身体安全教育包括运动损伤的应急处理、运动器械的结构原理及应用注意事项、非正常身体状态下身体素质训练、人体生理学基础知识，心理健康安全教育包括应对突发事件的承受力与忍耐力、对艰苦环境的适应能力、坚忍不拔的个性心理品质，社会安全教育包括自救与自护、自身防卫技能、健康的生活方式。

1. 理论课教学内容

充分利用体育与健康课程理论课对学生进行生命安全教育的理论灌输，完善生命安全教育的基础内容，让学生了解人体生理的基础知识，如人体在普通环境中的生理状况和在普通环境中的应急反应，人体在高寒、高温、高压等特殊条件下的生理反应。

通过体育理论课开展生命安全专题讲座及典型案例讲解等活动，学生掌握基本的运动损伤的预防和急救方法、野外遇险求生方法、自然灾害发生时的逃生技巧和灾害发生后的救人与自救方法等。

2. 实践课教学内容

在体育与健康课程中逐步渗透生命安全教育，是在落实新课标中有关学生全面发展的教学内容的前提下进行的，是对传统体育教学内容的丰富和完善。在利用体育理论课向学生传授生命安全基础知识的同时，也要利用体育实践课教授学生掌握大量的应急避险、逃生技能。

学校根据自身的条件和情况，有意识地将一些应急逃生、自救防护的技能与体育教学内容相结合，在提高学生各项身体素质的前提下，增长生命安全教育的知识，掌握基本的逃生、防卫技能。例如，在引体向上教学中，我们可以有意识地将爬杆、爬绳和爬树等内容有机地结合在一起，使学生在锻炼上肢力量的同时提高他们的攀登爬越能力，从而掌握攀爬自救逃生技能；在耐力训练中，体育教师可以选择不同的路线并设置多种障碍物增加跨栏架、跨坎的能力和应变能力训练，使学生通过跑、跳、爬等形式穿越障碍物；在球类教学中，增强身体灵敏性、协调性训练，注重培养学生的团队协作精神和吃苦耐劳的品质。

五、体育与健康课程生命安全教育的强化策略

（一）了解生命安全教育基本目标

新课标强调"学生要安全地进行体育活动"，同时在学习过程中能够达到知道如何在运动中避免危险，说出不同环境中可能面临的危险和避免方法，注意运动安全，掌握运动创伤时和紧急情况下的建议处理方法，具有处理一般安全问题的一般能力的基本目标。

体育教师只有认真学习新课标，了解其中关于生命安全教育的目标，才能在实际体育教学中顺利开展生命安全教育，在发展学生体能、提高学生身体素质的同时培养学生的安全意识。

（二）加强校本课程的开发与利用

新课标虽然规定了课程目标，但对于完成目标的课程内容却没有做出强制性规定，这就给体育教师在体育教学内容的选择上提供了广阔的空间，各校可以根据自己的地域特点，简化竞赛规则，降低运动项目的难度，改造场地、器材等，开发创编安全教育的校本课程，选择灵活的教学手段，改造传统的体育教学内容，根据生活实际探索、创新，创编生命安全教育的教材。

（三）定期开展生命安全教育运动竞赛

体育教学离不开运动竞赛，运动竞赛是体育课的魅力所在。为了更好地进行生命安全教育，学校应该将生命安全教育内容与运动竞赛结合在一起，定期开展安全教育主题的运动会，并在间举办各种安全教育的知识比赛和应急演练，例如举办将短跑与灭火结合的消防竞赛，学生要想在竞赛中获胜，不但应具备较强的

快速奔跑能力，还应掌握基本的灭火方法。通过开展竞赛，学生掌握了紧急情况下进行疏散、逃生的技能，体验到了运动竞赛的乐趣，强化了生命安全意识。

（四）加强生命安全教育体育师资培训

教师是安全教育的设计者和操作者，在学校生命安全教育的实施过程中起着主导性的作用。体育与健康课程中能否顺利开展生命安全教育，取决于体育教师的专业知识、专业技能。但是生命安全教育新兴门类，还没有具体明确的操作内容和评价体系。这就需要有关部门定期开展针对体育教师的培训，让各位教师在体育教学中进行探讨、修正，为今后的教学提供参考。

与此同时，师范类院校、体育院系应改革专业课程内容，开发体育生命安全教育课程，并不断提高体育教师的专业技能水平，使之在胜任今后学校体育教学工作的同时，能够将生命安全教育与体育教学相结合，提高学生的安全意识和逃生技能。

（五）与社会紧密结合，充分利用资源

学生生命安全教育是一个综合性的社会问题，全面提高学生的生命安全教育水平是社会的职责，仅仅依靠学校也很难完成对学生进行生命安全教育的任务。学校要与公安、消防、交通、卫生、地震等部门建立密切联系，聘请有关人员担任校外辅导员，根据学生特点系统协调承担公共安全教育的内容，并且协助学校制订应急疏散预案和组织疏散演习活动，如请一些医院专家给学生讲疾病预防方面知识，请公安人员给学生做安全防范方面的报告，请交通人员给学生讲解交通规则，请消防警察给学生讲解消防方面的知识，等等，真正实现学校与社会的紧密结合，促进学校生命安全教育的开展。

参考文献

[1] 蔡建光, 黄艳艳. 新时代高中体育与健康学科核心素养培养路径研究 [J]. 四川体育科学, 2022, 41 (02): 129.

[2] 蔡景台. 体育与健康课程结构的理论阐释 [J]. 成都体育学院学报, 2010, 36 (6): 69-72.

[3] 查茂勇. 大学生体育素养评价指标体系构建及自测量表编制 [D]. 南京师范大学, 2014: 10.

[4] 陈日武. 培养综合能力促进全面发展——核心素养下的高中乒乓球教学初探 [J]. 当代体育科技, 2020, 10 (16): 114-115.

[5] 陈雁飞, 韩金明, 张锋周. 新时代体育与健康课程的逻辑起点与体系再建 [J]. 中小学管理, 2020 (12): 48-50.

[6] 仇建生. 高中田径必修模块设置的问题及其对策 [J]. 体育学刊, 2015, 22 (02): 90-93.

[7] 戴贤强. 让体育教学洋溢生活气息 [J]. 山西师范大学学报（自然科学版), 2013, 27 (S1): 160.

[8] 邓宏. 践行未来教育 [J]. 人民教育, 2010, (Z1): 32-35.

[9] 窦萌. 高中排球运动开展现状与对策研究 [J]. 当代体育科技, 2020, 10 (14): 59, 63.

[10] 范运祥, 夏漫辉, 马卫平. 体育课堂教学有效性的问题及其诊断与矫正 [J]. 体育学刊, 2013, 20 (03): 69.

[11] 顾勇峰. 球性练习在高中乒乓球选项教学中的恰当运用 [J]. 当代体育科技, 2020, 10 (31): 149-151.

[12] 管水法, 王玉芬. 普通高中体育课程体系的改革 [J]. 体育学刊, 2002, 9 (1): 84-86.

［13］洪斯杰. 篮球结构化教学对初中生体育课学习满意度及能量消耗的影响［D］. 南京师范大学，2020：4-5.

［14］黄玮. 新课标视域下初中体育教学评价的改革探究［J］. 基础教育论坛，2022（8）：52-53.

［15］黄文秀. 普通高中体育与健康课体能模块教学设计研究［D］. 山西大学，2020：14-34.

［16］蒋佳. 长沙市中小学羽毛球教学内容一体化研究［D］. 湖南师范大学，2019：12-43.

［17］李红建. 新媒体与信息化在小学体育教学中的实践应用［J］. 数码设计，2022（5）：29-31.

［18］林国庆. "学练赛"一体化视角下的高中体育课堂评价［J］. 体育画报，2021（18）：86-87.

［19］刘兵，贺立娥，范叶飞. 生命安全教育在体育与健康课程中设置的困境与策略研究［J］. 青少年体育，2021（2）：91-92.

［20］刘吉峰. 中小学篮球教学课的创新与实践［J］. 教学与管理，2012，（06）：154-155.

［21］刘晋，邓日桑，王素珍. 高中体育分类教学模式［J］. 体育学刊，2001，8（4）：92-95.

［22］刘历红. 论结构化意识下的中学体育教学［J］. 当代教育与文化，2020，12（03）：52-58.

［23］刘运东. 聊城市高中体育与健康课程中健康教育的实施现状［D］. 聊城大学，2018：23-25.

［24］罗伟柱，邓星华. 体育深度教学：体育学科核心素养培育的应然进路［J］. 体育学刊，2020，27（02）：90-95.

［25］蒙可斌，冯兆龙. 高中体育与健康课程体能模块教学现状与对策［J］. 体育科技文献通报，2020，28（09）：30.

［26］孟田. 体育与健康课程教学改革讨论［J］. 黑龙江高教研究，2005

（3）：128-129.

[27] 庞跃辉. 定西市普通高中生体育与健康学科核心素养培养路径研究[D]. 西北师范大学，2020：6-7.

[28] 秦洪敏，张东校. 普通高中羽毛球选项教学现状与对策研究——以无锡市为例[J]. 运动，2019，（01）：67-68，150.

[29] 邱梅珍，方建新，饶雪琴. 高中体育课实施主体性评价的效果分析[J]. 体育学刊，2004，11（1）：105-107.

[30] 曲生平. "CIGCLS模式"视域下体育与健康课程的构建策略[J]. 教学与管理（理论版），2021（6）：111-114.

[31] 汪晓赞，何耀慧，尹志华. 基于核心素养的高中体育与健康学业质量阐释、构成与超越[J]. 成都体育学院学报，2021，47（1）：32-40.

[32] 王树伟. 兰州市区普通高中体育课堂教学有效性研究[D]. 西北师范大学，2020：24-36.

[33] 文蔡雄. 体育与健康课程的校本化开发[J]. 体育学刊，2014（1）：82-85.

[34] 吴昊. 刍议高中体育与健康校本课程开发目标取向[J]. 西安体育学院学报，2007，24（1）：118-120.

[35] 肖传菊. 高中健美操教学中的问题与对策[J]. 当代体育科技，2019，9（34）：62.

[36] 肖尔盾. 普通高中体育与健康课程构建思考[J]. 体育文化导刊，2011（3）：103-105.

[37] 辛利，李林. 我国普通高中体育课选项教学现状研究[J]. 广州体育学院学报，2013，33（1）：100-102，106.

[38] 薛敏. 高中体育教师课堂教学行为的改善策略探析[J]. 新教育时代电子杂志（教师版），2020（9）：141-142.

[39] 阎智力. 普通高中体育与健康课程目标体系研究[J]. 体育学刊，2021，28（5）：14-22.

[40] 杨文轩, 张细谦. 新常态下的体育与健康课程实施 [J]. 体育学刊, 2015 (5): 1-4.

[41] 叶翎东. 高中生体育与健康学科核心素养评价指标体系构建 [D]. 湖北师范大学, 2021: 5, 7-8.

[42] 于永晖, 高嵘. 体育素养的概念与内容构成辨析 [J]. 山东体育学院学报, 2019, 35 (04): 111.

[43] 郁章永. 有效教学模式在中学田径课中的实验研究 [D]. 武汉体育学院, 2013: 15-25.

[44] 袁鸿祥. 高中体育选项教学应理性对待基础类项目——镇江市普通高中田径、体操类项目教学现状调查 [J]. 上海教育科研, 2013, (02): 50-53.

[45] 张玲玲. 高中健美操教学和训练中形体训练的价值研究 [J]. 当代体育科技, 2020, 10 (12): 169, 171.

[46] 张细谦, 杨文轩. 体育与健康课程实施的发展策略 [J]. 体育学刊, 2012, 19 (1): 74-77.

[47] 张杨. 核心素养下高中体育课堂教学检视及改进 [D]. 湖南师范大学, 2021: 10-11.

[48] 钟苗. 体育学科核心素养下高中体育教学模式运用研究 [D]. 湖南师范大学, 2021: 13-15.

[49] 周远丽. 重庆市高中体育课堂教学中生态教育现状与路径构建研究 [D]. 西南大学, 2017: 11-15, 41-51.

后　记

　　教学设计是课堂教学的前提和依据，连接着教学理论和教学实践，作为课堂教学的重要环节直接影响教学效果，能潜移默化地培养学生的认知和情感，最终引导学生走向预设的价值观和世界观。依据新课标的实施要求，如何围绕学科核心素养三个方面的教学目标对高中体育与健康课程进行教学设计，以落实立德树人的教育目标，是一线高中体育教师的工作重点和研究热点。

　　本书正是基于此，并结合长期中学教学实践总结与反思完成的。本书主要有三大部分。第一部分为理论部分，阐述了素养、核心素养及学科核心素养等相关概念和基本原理，揭示了核心素养以及体育学科核心素养形成的机制和规律。作为方向和基石，它为有效开展核心素养导向的高中体育与健康教学设计提供了理论基础。第二部分重点阐述了核心素养导向的教学基本策略，阐述了让核心素养落地的课堂教学的具体路径和方法。第三部分是根据新课标精神，针对高中体育与健康课程的内容特点，结合教学实践，以案例的方式提出高中体育与健康课程各选项教学设计的思路。而其他部分内容，则进行了相关拓展，对教师专业素养培育、网络课程建设以及生命安全教育等热点内容做了一些探讨。

　　在本书的写作过程中，得到了福建师范大学体育科学学院博士生导师陈俊钦教授的悉心指导，特此感谢。同时，也感谢师大附中体育团队的黄梦琪、许仕杰、章烜、陆玉书、肖振鑫等老师提供的素材和写作支持。

感谢海峡文艺出版社林滨社长为本书出版提供的诸多帮助，感谢本书的责任编辑给予的专业建议与意见。

感谢我的家人对我写作的理解和支持。特别感谢我的爱人郑东平女士，她总是以无比温暖的鼓励和坚实的后勤保障助我勇毅前行。

本书的撰写，引用了诸多同仁的研究成果，在此一并表示衷心的感谢。

由于时间仓促，个人水平有限，难免有疏漏，恳请各位读者批评指正。